O MUNDO DE HOMERO

PIERRE VIDAL-NAQUET

O mundo de Homero

Tradução
Jônatas Batista Neto

COMPANHIA DAS LETRAS

Grafia atualizada segundo o Acordo Ortográfico da Língua Portuguesa de 1990, que entrou em vigor no Brasil em 2009.

Título original
Le monde d'Homère

Capa
Ettore Bottini

Foto da capa
Vaso de Eufrônio (detalhe),
The Metropolitan Museum of Art

Preparação
Eliane de Abreu Santoro

Revisão
Cláudia Cantarin
Renato Potenza Rodrigues

Atualização ortográfica
Valquíria Della Pozza

Dados Internacionais de Catalogação na Publicação (CIP)
(Câmara Brasileira do Livro, SP, Brasil)

Vidal-Naquet, Pierre, 1930-2006
O mundo de Homero / Pierre Vidal-Naquet ; tradução Jônatas Batista Neto. — 1ª ed. — São Paulo : Companhia das Letras, 2002.

Título original: Le monde d'Homère.
ISBN 978-85-359-0205-1

1. Civilização homérica 2. Geografia antiga na literatura 3. Grécia — Antiguidades 4. Homero — Conhecimento — Geografia 5. Homero — Habitações e abrigos — Grécia 6. Poesia épica grega — História e crítica I. Título.

01-6349 CDD-883.0109

Índices para catálogo sistemático:
1. Poesia grega épica clássica : História e crítica 883.0109
2. Poesia épica clássica grega : História e crítica 883.0109

EDITORA SCHWARCZ S.A.
Rua Bandeira Paulista, 702, cj. 32
04532-002 — São Paulo — SP
Telefone: (11) 3707-3500
www.companhiadasletras.com.br
www.blogdacompanhia.com.br
facebook.com/companhiadasletras
instagram.com/companhiadasletras
twitter.com/cialetras

Para meus netos: Fabien e Marina, Élie e Juliette

Sumário

Prefácio

Quando era criança, em Paris, antes da Segunda Guerra, eu possuía uma antologia de lendas da guerra de Troia e seus desdobramentos. O livro começava com a história do pastor Páris,* que teve de escolher uma das três deusas — Hera, Atena (figura 16) e Afrodite — para conceder uma maçã na qual estava escrito: "À mais bela". Hera lhe propôs poder e Atena, sabedoria, mas Afrodite ganhou o concurso oferecendo-lhe a jovem mais linda de todo o mundo: Helena de Esparta. Páris raptou Helena, o que provocou o deslocamento de um exército grego para Troia, na margem asiática do estreito de Dardanelos. Dez anos depois, os gregos, escondidos num enorme cavalo de madeira (figura 29), conseguiram penetrar na cidade do rei Príamo e a incendiaram. Só um grupo de troianos conduzido por Eneias,

* Os nomes próprios (antropônimos, topônimos e nomes de etnias) foram normatizados com base nos *Índices de nomes próprios gregos e latinos* de Maria Helena de Teves Costa Ureña Prieto et alii. Lisboa, Fundação Calouste Gulbenkian, 1993. (N. T.)

filho de Afrodite, conseguiu escapar e chegar à Itália, onde um descendente seu fundou a cidade de Roma. Os gregos, por sua vez, encontraram bastante dificuldade para voltar à sua terra. Um deles em particular, Ulisses (em grego Odysseus), errou durante dez anos pelo Mediterrâneo antes de reencontrar Ítaca, a ilha da qual era rei. Em Ítaca, Penélope, sua mulher, era disputada por uma série de "pretendentes", jovens que dilapidavam o palácio de Ulisses enquanto esperavam pela resposta dela aos pedidos de casamento. A história da guerra de Troia era contada (assim eu pensava) na *Ilíada* de Homero, enquanto o retorno de Ulisses era o assunto da *Odisseia*, do mesmo poeta.

Eu estava certo quanto ao segundo ponto, mas, pouco depois desse primeiro contato com a história grega, minha avó paterna me presenteou com uma tradução francesa da *Ilíada*. Inicialmente pensei que o livreiro que lhe havia vendido o livro a tivesse enganado. A narrativa começava com Troia cercada havia já mais de nove anos e terminava sem nenhum cavalo de madeira e com a seguinte frase: "Assim foram os funerais de Heitor, domador de cavalos". Heitor era o principal defensor de Troia — isso eu já sabia — e fora morto por Aquiles, o mais valoroso dos guerreiros gregos.

Mais tarde aprendi a conhecer melhor a *Ilíada* e a *Odisseia*, esses dois maravilhosos poemas de, respectivamente, 14 mil e 12 mil versos; passei a saboreá-los na tradução francesa bem como no texto original. Aprendi também tudo o que podia sobre a história do povo grego e sua literatura, que deu origem à literatura ocidental. Andrômaca, esposa do herói troiano Heitor, foi a inspiração para o título e a personagem principal de uma das tragédias mais célebres de Racine — ela figura também num dos mais belos poemas de Baudelaire.

Nada disso teria sido possível sem a *Ilíada*. Quanto à *Odisseia*, fizemos do título desse poema um substantivo comum. Fala-se normalmente, por exemplo, da odisseia de um ciclista durante a sua corrida no Tour de France.

Meu desejo, com este livro, é tentar fazer com que leitores de todas as idades partilhem a alegria que essas duas epopeias me deram — e sempre me dão —, ao contar certos episódios, e naturalmente também tentar situá-los no seu contexto, tanto no espaço como no tempo. Terei atingido o meu objetivo se, após terem lido este volume, sentirem o desejo de mergulhar no texto integral, através de uma tradução ou, melhor ainda, na versão original.

1. Pequena história de dois poemas

O busto de Homero nos é bastante familiar: um homem cabeludo, barbudo e cego. Mas não se trata de um retrato. Essa escultura, conservada no museu de Munique, na Baviera, data da época romana. É muito provável que ela tenha sido inspirada em um modelo do século V a.C., a época áurea da arte grega (figura 1). Existem histórias sobre a vida de Homero, mas elas são totalmente lendárias. Se ele era tido como cego é porque os antigos consideravam, talvez não sem razão, que a memória de um homem era mais extraordinária quando ele se encontrava desprovido de visão.

Sete cidades da Grécia asiática, mais precisamente da Jônia e da Eólida, situadas na área que hoje abrange a costa da Turquia e algumas ilhas gregas das proximidades, disputavam a honra de lhe terem dado nascimento: entre elas Esmirna, no continente, e a ilha de Quios, onde ainda hoje nos mostram a "pedra de Homero", chamada também de "pedra do mestre-escola", um rochedo no qual foi talhado um assento de onde o poeta recitava seus versos para as crianças.

Já se sonhou bastante — e às vezes até se delirou — sobre o poeta cego. Existiu um Homero, dois Homeros e até, como alguns pensaram, uma multidão de Homeros? Na ilha de Quios havia os chamados homéridas, que se diziam descendentes de Homero e constituíam um grupo de *rapsodos* que cantavam os poemas de seu pretenso antepassado.

Mas o que é um rapsodo? Vocês podem ver um deles num vaso ático do século v a.C. (figura 2). Ele estende o braço, segurando um bastão, num gesto oratório, e de sua boca escapam, tal como nas nossas histórias em quadrinhos, palavras ou versos de um poema épico. No século seguinte, o filósofo Platão põe em cena num dos seus diálogos seu mestre, o ateniense Sócrates (que foi condenado à morte em 399), dirigindo-se a um desses rapsodos, Íon de Éfeso (cidade da Jônia):

> Confesso, Íon, que, por mais de uma vez, invejei a vossa arte e a dos demais rapsodos! Ela vos obriga a estarem sempre arrumados, mostrando-vos tão belos quanto possível; ao mesmo tempo, sois compelidos a viver na companhia de uma multidão de bons poetas, sobretudo na de Homero, o melhor e o mais divino de todos.

Íon vivia *na companhia* de Homero, outra maneira de dizer que ele sabia os poemas homéricos, a *Ilíada* e a *Odisseia*, de cor. Aprendera esses poemas por meio da leitura ou, talvez, escutando-os serem recitados por outros.

Homero não era um rapsodo, era um *aedo*. Essa palavra, que vem do grego *aoidós*, significa "cantor". Os poemas homéricos eram compostos e cantados por aedos que se acompanhavam com um pequeno instrumento de cordas, a *phórminx*.

Em que época viveu Homero? Conforme a opinião geral, a *Ilíada* e a *Odisseia* datam dos derradeiros anos do século IX a.C. ou já do século VIII, sendo a *Ilíada* anterior à *Odisseia* por alguns decênios. O século VIII é um período muito importante na história do mundo grego e, aliás, do mundo mediterrâneo em geral (Roma, por exemplo, foi fundada em 753 a.C.). Trata-se de uma época na qual se consolida, na Grécia europeia, insular e asiática, uma forma original de vida em sociedade: a *pólis*. Um grupo de homens livres diz "nós" ao falar em nome de todos. Os reis já não existem ou então têm apenas papel simbólico. As cidades são governadas não pelo povo, mas por homens (relativamente) ricos, possuidores de terras, que obtêm a renda dessas terras mas também, às vezes, entregam-se ao grande comércio marítimo.

Quando lemos a *Ilíada* e a *Odisseia*, não podemos esquecer que esses poemas eram destinados a serem recitados para um auditório de homens ricos e poderosos, capazes de ir à guerra armados da cabeça aos pés: capacete, couraça, grevas, como se pode ver na armadura do século VIII (figura 12), encontrada quase intacta numa tumba de Argos, ao norte do Peloponeso. As cidades, no século VIII, eram capazes de tomar coletivamente decisões importantes como, por exemplo, enviar para além dos mares, para a Itália meridional e a Sicília, grupos de emigrantes com o objetivo de fundar colônias, isto é, cidades novas como Cumas, não longe de Nápoles, ou Siracusa, na Sicília.

Foi numa tumba de Ischia, ilha da baía de Nápoles, que

se encontrou, em 1955, uma taça datável de aproximadamente 720 a.C. e que contém a primeira alusão escrita aos poemas homéricos. Trata-se de um "objeto falante" — é como se a própria taça se dirigisse a quem bebe:

> Eu sou a taça de Nestor, a que é boa para beber. Aquele que daqui beber será imediatamente arrebatado pelo desejo que inspira Afrodite, a deusa da bela coroa.

Afrodite é a deusa do amor. Quanto a Nestor, um ancião, é um personagem importante da *Ilíada* e da *Odisseia.* Ele possui uma taça cuja descrição se encontra no canto XI da *Ilíada.* Essa inscrição está redigida em versos. Podemos assim estar certos de que os temas e mesmo as formas da poesia épica grega já existiam numa versão escrita no século VIII antes da era cristã.

Como, nesse contexto, situa-se Homero — ou, mais exatamente, os poetas que, sob esse nome, nos legaram a *Ilíada* e a *Odisseia*? Se vocês quiserem as obras de Homero, certamente irão a uma livraria. Se vocês escrevem versos, poderão confiá-los a um editor, que, por sua vez, os encaminhará a uma gráfica. No século VIII a.C. não havia nem livrarias, nem editores nem mesmo, evidentemente, gráficas. A imprensa apareceu de início na China e, depois, no Ocidente, no século XV, com Gutenberg. Foi em 1488 que, pela primeira vez, os poemas homéricos foram impressos, e isso se deu em Florença, na Itália.

E na época de Homero? Havia um vínculo efetivo entre a prática do canto poético e a escrita? O que dizem a esse respeito os próprios poemas? No canto VI da *Ilíada*, o herói

Glauco, que combate ao lado dos troianos, conta ao herói aqueu Diomedes a história de seu antepassado Belerofonte, personagem bem conhecido da mitologia grega, especialmente por ter liquidado um ser monstruoso, a Quimera. Belerofonte fora enviado ao palácio de um rei da Lícia (na Ásia Menor) com uma mensagem que continha "sinais assassinos". Diríamos hoje que se trata de uma carta escrita em linguagem cifrada pedindo ao destinatário para matar o mensageiro. Esse episódio é bastante revelador de uma concepção um tanto diabólica da escrita: seu propósito não é registrar poemas nem (como já ocorre desde o século VII) leis, mas sim carregar uma mensagem de morte.

Tanto no início da *Ilíada* como no da *Odisseia*, o poeta se dirige a uma divindade, a Musa, que sabe tudo e tudo pode expressar: "Canta, ó deusa, a cólera de Aquiles, filho de Peleu...", "É sobre o homem das mil astúcias [Ulisses] que tu, ó Musa, deves me dizer...". As Musas, filhas da deusa Memória, são portanto as depositárias da poesia. Na *Ilíada*, o único herói capaz de cantar, acompanhando-se com uma cítara, é Aquiles, o herói por excelência, o "melhor dos aqueus". Na *Odisseia*, ao contrário, os aedos se multiplicam. Há um entre os feaces, o povo navegador que conduzirá Ulisses a Ítaca. Há um no palácio de Ulisses, o qual é poupado quando o herói decide vingar-se dos pretendentes. O próprio Ulisses é um aedo que canta as suas viagens. Finalmente, entre os seres maléficos que ele encontra no caminho de Troia à Feácia, há também as sereias, que não são seres híbridos de mulheres com peixes, mas sim de mulheres com pássaros (figura 33). Ulisses sabe que, se for enfeitiçado por elas, morrerá. Seus companheiros vedaram os ouvidos; ele próprio foi amarrado ao mastro do navio. A poesia, tal como a escrita, é coisa perigosa.

O que cantam as sereias? A guerra de Troia, com precisão:

> Com efeito, nós sabemos tudo o que, na planície de Troia,
> Argivos e troianos sofreram por ordem dos deuses.
> Sabemos tudo o que ocorreu naquela terra fecunda.

E os que se aproximam demais dessas mulheres-pássaros correm um perigo terrível:

> Pois as sereias enfeitiçam-nos com um canto cristalino,
> Elas que estão pousadas num prado, enquanto amontoam-se
> [ao seu redor
> Ossos de corpos decompostos cujas carnes se desfazem.

A *Odisseia* contém, portanto, uma espécie de reflexão sobre a função do aedo, sobre a sua grandeza e os perigos que ele pode representar.

Os aedos eram capazes, com um intervalo de poucos anos, de reproduzir, quase sem variantes, as epopeias puramente orais. O mesmo fenômeno foi observado na África, na Oceania e em outras sociedades como, por exemplo, no Curdistão. Dito isso, é difícil, por outro lado, ignorar o vínculo entre a fixação dos cantos épicos e o desenvolvimento da escrita alfabética fenícia adotada pelos gregos por volta de 900 a.C.

A grande questão é saber *quando* os textos foram fixados. Bem cedo, segundo alguns especialistas, enquanto para outros não antes de 560 a.C., quando Pisístrato, um "tirano" — isto é, governante não eleito de Atenas —, decidiu realizar uma edição oficial. São duas hipóteses opostas. O certo é que esses textos, entre o momento em que foram fixados e o ano de 1488, no qual foram impressos, variaram pouco. Tanto a *Ilíada* como a *Odisseia* levam a marca de um autor "monumental", que sabe o que vai dizer do começo ao fim. A divisão em cantos, com base no modelo das letras do alfabeto, de I a XXIV, é tardia; remonta à época alexandrina, provavelmente ao século III a.C.

Em que idioma foram redigidos? Numa língua parcialmente artificial que repousa sobre dois dialetos falados sobretudo na Ásia Menor (hoje a Turquia): o jônio e o eólio. Esses 26 mil versos têm uma forma chamada de hexâmetro dactílico. Cada verso é formado por seis medidas (*hex* significa "seis", em grego, e *métron*, "medida"). Cada medida é composta por uma sílaba longa e duas sílabas breves (é o que se chama um dáctilo) ou então por duas longas (nesse caso um espondeu). Não existe apenas um acento de intensidade, como em português, numa das três últimas sílabas da palavra, mas há também um acento "tonal", quer dizer, melódico. Para entender, basta dizer o nome de Homero utilizando para as duas primeiras sílabas, respectivamente, as notas *sol* e *lá*.

Passemos, pois, a outra questão: o que ocorreu entre a época de Pisístrato, por volta de 560 a.C., e a primeira edição do texto em 1488? Para os gregos, Homero era o poeta por excelência, assim como a Bíblia é o livro dos judeus e dos cristãos, e como Dante, autor da *Divina comédia*, é o poeta dos italianos de ontem e de hoje. Os jovens gregos aprendiam a ler com Homero. O texto era apresentado sob a forma de rolos — em latim, *volumina* (daí o termo "volume") —, pouco cômodos de manusear. Por isso, utilizavam-se, com frequência, os serviços de um escravo. Ao lado do texto de Homero, havia felizmente a imagem de Homero, a dos vasos e esculturas.

Os *volumina* podiam ser feitos de papiro ou de pergaminho (pele de carneiro curtida e preparada). Como a *Ilíada* e a *Odisseia* são a base da cultura ocidental, bem cedo surgiu a preocupação de estudá-las de maneira crítica, de ter certeza de que o texto era de fato autêntico. Após as conquistas de Alexandre (morto na Babilônia em 323 a.C.), o grego se tornou a língua de cultura do Mediterrâneo e do Oriente, e surgiram escolas importantes por toda parte, especialmente em Alexandria, capital dos soberanos gregos do Egito, e também em Pérgamo, na Ásia Menor. Não temos as edições preparadas pelos eruditos daquele tempo, mas muitas de suas observações estão registradas em comentários mais tardios, especialmente os de Eustácio, arcebispo de Tessalônica no século XII da nossa era. Podia-se ser cristão e apaixonar-se por Homero em Bizâncio, mas isso não ocorria, na mesma época, no Ocidente.

Nenhum rolo de papiro resistiu intacto ao tempo; apenas fragmentos foram encontrados, os mais antigos (os dos desertos do Egito) remontando ao século III a.C. No entanto, uma invenção capital permitiu salvar uma parte da literatura grega: ao rolo sucedeu o *codex*, isto é, o livro em forma de brochura, tal como o conhecemos hoje. A partir do século III d.C., essa invenção se difunde pela bacia do Mediterrâneo, àquela altura já unificada pelo Império Romano.

No entanto, é preciso lembrar que os nossos manuscritos são bem posteriores a esses fatos, já que datam apenas do século X em diante. Eles são obras dos ateliês do Império Bizantino (cuja capital era Constantinopla, anteriormente chamada de Bizâncio) — quer dizer, do Império Romano do Oriente —, Estado que, depois de ter sido reduzido territorialmente pelas invasões persas, árabes e turcas, desaparece em 1453, data em que Constantinopla cai nas mãos do sultão Maomé II. Este último era, aliás, grande admirador de Homero, identificando-se entretanto mais com os troianos do que com os gregos.

E no Ocidente? Após a queda do Império Romano, o número de pessoas que sabiam ler grego se reduziu pouco a pouco até tornar-se ínfimo, com uma curiosa exceção: os monges irlandeses. Apesar disso, as relações com o Império do Oriente não desapareceram completamente. É o caso de Veneza, especialmente, onde sempre existiu uma comunidade grega. No século XIV, o grande poeta italiano Petrarca tinha, à sua disposição, um Homero manuscrito que, para seu grande desespero, ele era incapaz de ler. Dois séculos mais tarde, contudo, o poeta francês Ronsard escrevia: "Quero ler a *Ilíada* de Homero em três dias" — ler em grego, bem entendido. Os humanistas, eruditos como o bizantino Bessarion ou o florentino Marsilio Ficino, haviam preparado o caminho. Quem leu *Une histoire de la Renaissance*, de Jean Delumeau, entende o que eu quero dizer.

No momento em que se começou a utilizar a imprensa, as cópias manuscritas de textos gregos não foram interrompidas. Se ainda se dizia de certos escritores que eles escreviam como "anjos", não é porque imitassem os seres celestes, mas porque, sem o saber, escreviam tão bem quanto o cretense Ângelo Vergécio, que, no que diz respeito aos manuscritos gregos, foi o copista favorito de Francisco I, coroado rei da França em 1515, pouco antes de vencer a batalha de Marignan.

2. A história e a geografia

A guerra de Troia realmente aconteceu? Os gregos da época clássica (500-323 a.C.) e mesmo da época helenística (331-23 a.C.) e romana não tinham dúvida alguma com relação à localização de Troia — que eles chamavam também, como Homero o faz, de Ílion. Era perto do lugar no qual se erguia, desde o século VIII, uma cidade grega que mais tarde entrou para o patrimônio romano. Nós a conhecemos por descrições, inscrições, testemunhos arqueológicos e moedas. Segundo Estrabão, geógrafo contemporâneo de Virgílio e de Augusto (século I a.C.), a Troia de Homero situava-se apenas a alguns quilômetros daquele ponto. O túmulo de Aquiles e até mesmo um santuário consagrado a Heitor costumavam ser mostrados aos viajantes. Na época helenística, havia ainda um curioso costume: contava-se que Cassandra, filha de Príamo, rei de Troia, fora molestada, junto ao altar de Atena, por um grego de Lócride chamado Ájax, filho de Oileu, e que, como penalidade, os habitantes da sua cidade (situada na margem norte do golfo de Corinto) deviam enviar todo ano duas jovens a fim de servirem de escravas para Atena Ília, a divindade ofendida. O grande historiador italiano Arnaldo Momigliano dizia com humor que essa prática era a única prova da guerra de Troia.

A Ásia Menor acabou por se tornar turca, e a colina sobre a qual se encontrava Ílion recebeu o nome de Hissarlik. Heinrich Schliemann, um comerciante alemão rico e entusiasta, que se tornara americano após vender índigo na Rússia, decidiu resolver essa questão por meio de escavações arqueológicas. Após três anos, no dia 14 de julho de 1873, na véspera do encerramento dos trabalhos, ele descobriu um objeto de ouro e, depois, diversos outros artefatos, igualmente de ouro: diademas, brincos, anéis e braceletes. Era o "Tesouro de Príamo". Um pouco mais tarde, Schliemann adornou sua esposa grega com as "joias de Hécuba", as quais aparentemente os aqueus haviam esquecido de carregar. Sophia Schliemann deu à luz uma Andrômaca em 1871 e um Agamêmnon em 1878. Assim se reconciliavam os adversários que, na guerra de Troia, tinham se enfrentado. Quanto ao tesouro de Príamo, ou de Hécuba, ele permaneceu por um tempo em Berlim. Em 1945, após ter desaparecido, os russos revelaram que essa presa de guerra se encontrava em Moscou. Mas não era de fato o tesouro de Príamo.

A arqueologia progrediu muito depois de Schliemann. Onze "Troias" se sucederam sobre a colina de Hissarlik, sendo a oitava grega e a décima primeira romana. A Troia do "Tesouro de Príamo" é a Troia II, que prosperou nos Dardanelos entre 2500 e 2200 a.C. Um bom milênio antes da guerra de Troia, segundo a datação dos antigos. A Troia que existiu no século XIII ou XII a.C. e que foi destruída pelos homens é aquela que recebeu o nome de Troia VII A, depois de suas ruínas terem sido minuciosamente examinadas pelos arqueólogos: trata-se de uma cidade de importância medíocre, cujas muralhas não teriam condições de resistir durante dez anos. É difícil imaginar que os aqueus precisassem juntar forças para se apossar daquele sítio pouco impressionante. Troia VI é mais atraente e tem muros que ainda cumprem, de certo modo, sua função (figura 5). Infelizmente essa cidade, arruinada por um terremoto por volta de 1275 a.C., não pode ter sido destruída no final de um cerco, pois, então, teríamos de nos entregar a contorções intelectuais absurdas, imaginando, por exemplo, que Posídon, o deus do mar que os gregos chamavam de "aquele que agita o solo", teria destruído a cidade e os assaltantes lhe teriam consagrado um ex-voto em forma de cavalo!

É impossível fazer coincidir uma epopeia com uma escavação. É tão razoável buscar a Troia de Homero em Troia quanto esperar encontrar a trompa de Rolando em Roncesvales. Se vocês querem fazer uma ideia da Troia de Homero, não devem ir à colina de Hissarlik. Mesmo o *Guide bleu* da Turquia é obrigado a constatar que o sítio é decepcionante. É melhor ler a *Ilíada* ou contemplar uma coleção de vasos gregos nos quais se representaram diversos episódios da guerra legendária.

Enfim, Heinrich Schliemann ainda viria a espantar e maravilhar o mundo. Em 1876 ele descobre em Micenas, a nordeste do Peloponeso, um conjunto de tumbas reais em forma de fossos. Num dos esqueletos havia uma máscara de ouro que o pesquisador atribuiu de imediato a Agamêmnon. Logo a seguir, telegrafou ao rei Jorge I da Grécia para informá-lo de que identificara a tumba do seu lendário predecessor.

Assim como em Troia, as pesquisas que se sucederam por mais de um século — não apenas em Micenas mas também em muitos outros sítios do Peloponeso, da Grécia central, e ainda de Creta e das ilhas — vieram a complicar esse quadro.

Como a evolução histórica dessas regiões é retratada hoje em dia? Admite-se que, no fim do terceiro milênio antes da era cristã, entre 2200 e 2000, uma nova população tenha invadido a Grécia. Essa população fala uma língua que, com o tempo, se transformaria no grego. Sofrendo a influência da civilização minoica, que se desenvolvera anteriormente em Creta, ela cria uma cultura cujos vestígios materiais remontam a 1600 a.C. aproximadamente. Fortalezas são construídas, tumbas reais são cavadas — as que Schliemann descobriu —, e aparece uma variedade de objetos de arte: afrescos, cerâmica, objetos de bronze e de ouro. Trata-se de uma civilização militar que contrasta com Creta, onde as cidades e os palácios não são fortificados. Por volta de 1300 aparecem as tumbas reais monumentais, em forma de colmeia, como, por exemplo, o "Tesouro de Atreu" em Micenas, tumbas que podem ser encontradas numa boa parte da Grécia, inclusive em Cefalônia, no reino de Ulisses. Os autores modernos se viram frequentemente tentados a identificar as tumbas reais com uma nova dinastia, a dos átridas, cujo personagem mais conhecido é Agamêmnon, o chefe da expedição de Troia, segundo a *Ilíada* e a *Odisseia*.

Essa civilização (que foi batizada de "micênica") desapareceu por volta de 1200 a.C., no momento da grande crise que sacudiu o Mediterrâneo oriental e que é chamada, nos documentos egípcios, de invasão dos "povos do mar." Assim, por exemplo, desembarcam, no território que viria a ser a Palestina, bandos de homens vindos, ao que parece, de Creta e que são conhecidos como filisteus.

Quando digo que essa civilização "desapareceu", não me refiro aos homens, mas sim a todas as estruturas econômicas e sociais. No centro de cada um dos sítios da civilização micênica, havia um palácio governado por um soberano (em grego *ánax*), assistido talvez por um chefe dos guerreiros. O soberano exercia uma autoridade absoluta, inclusive no domínio religioso. Ele controlava os recursos agrícolas e o conjunto do rebanho de uma região e tinha, à sua disposição, armas e carros de guerra. Essas estruturas eram frágeis porque careciam dos recursos espaciais e hidráulicos que haviam permitido à civilização egípcia durar por vários milênios. É o que demonstra, por exemplo, o caráter monumental das tumbas de Micenas, que evocam mais as pirâmides do Egito do que as necrópoles da Grécia arcaica e clássica. Somente no século IV antes da era cristã é que reaparecerão, em regiões distantes das principais cidades gregas, os monumentos funerários de grande extensão: em Halicarnasso, na Ásia Menor, com o túmulo do rei Mausolo (o "mausoléu"), e na Macedônia, com a necrópole real de Vergina.

É esse mundo micênico que Homero descreve? A Troia de Príamo, a Pilo de Nestor, a Esparta de Menelau, a Micenas de Agamêmnon, a Ítaca de Ulisses, por fim, são todas elas realidades históricas do segundo milênio? Nem todos os eruditos estão de acordo quanto a esse ponto. Por isso darei a minha opinião da forma mais clara possível.

Tomemos o exemplo da *Canção de Rolando.* Não há dúvida de que o seu autor (que se chamava provavelmente Turoldo e sobre o qual não sabemos nada) acreditava estar descrevendo o tempo de Carlos Magno. A realidade é inteiramente outra, e os seus guerreiros estão bem mais próximos dos guerreiros do mundo feudal. Além disso, há bastante campo deixado para o imaginário.

Sem dúvida Homero, autor dos dois poemas épicos, quisera pintar uma sociedade muito antiga. A grande maioria dos lugares que evoca se situa na Grécia propriamente dita ou nas ilhas, incluindo Creta, que, para ele, é um mundo à parte, bem complexo. Esses lugares correspondem, com frequência, a localidades onde os arqueólogos identificaram sítios "micênicos". Alguns chegaram a sustentar que o "Catálogo dos barcos", no canto II da *Ilíada*, era uma espécie de quadro geográfico do mundo micênico, o que é bastante duvidoso. O que é notável constatar é que a Grécia asiática, de onde Homero era originário, está praticamente ausente da *Ilíada.* O vale do Caístro só figura numa única imagem, aliás magnífica:

> Tal como se veem, nas campinas da Ásia, às margens do Caístro, pássaros alados, gansos ou cisnes de longo pescoço, em bandos numerosos, voar para todos os lados, batendo altivamente as asas, uns à frente dos outros e, depois, pousar, com alarido, fazendo todo o prado ressoar.

Mileto, o vale do Meandro e o monte Mícale — que se pode avistar a partir do litoral de Samos como se fosse o frontão de um templo — estão de fato presentes no canto II da *Ilíada*, mas apenas como um país cário, cujos combatentes se situam no campo troiano. A ilha de Samos é uma simples referência geográfica relacionada com Íris, mensageira dos deuses, e um local de venda de prisioneiros como escravos. Esmirna e Quios estão ausentes da geografia homérica.

Mas o fato de Homero ter desejado evocar a Grécia micênica não significa que ele a tenha efetivamente descrito. Para começar está faltando, entre outras coisas, a escrita dos escribas e toda a sociedade que ela implica: sociedade dominada pelo palácio do rei. Evidentemente Agamêmnon é o rei dos reis, e Ulisses é o rei de Ítaca e de algumas ilhas que a cercam, mas eles não são soberanos absolutos. Agamêmnon não toma decisão sem reunir a assembleia dos guerreiros e o conselho dos reis. Da mesma forma, Alcínoo, rei dos feaces, e Príamo convocam os seus aliados. Pode-se falar, do lado aqueu, de uma sociedade? Temos apenas o quadro de um exército em campanha, do qual as mulheres e as crianças estão longe — como, por exemplo, Telêmaco, filho de Ulisses, mencionado duas vezes na *Ilíada* mas que terá um papel capital na *Odisseia*. Do lado aqueu, ainda, um único velho: Nestor; os outros, como Peleu, pai de Aquiles, e Laertes, pai de Ulisses, estão longe. Um exército coberto de bronze — o que, na época de Homero, homem da Idade do Ferro, tinha um sabor exótico —, mas um exército completamente imaginário, assim como o muro construído pelos aqueus para proteger os seus barcos (que Homero tem o cuidado de informar que veio a desaparecer inteiramente). Quanto aos camponeses, eles de fato existem na *Ilíada*, mas unicamente nas comparações. Homero nada diz, na *Ilíada*, acerca do tempo, com exceção das comparações ou, como no canto XII do mesmo poema, de uma narrativa que se situa fora do tempo; e se o Escamandro transborda, no canto XXI, não é porque esteja chovendo, mas porque o rio tenta afogar Aquiles. Mais uma vez, são as comparações e não o relato épico que abrem uma janela para o mundo "real".

Entretanto, segundo os arqueólogos, alguns objetos descritos por Homero já haviam desaparecido completamente na época em que ele compôs seus poemas. O exemplo mais notável é o do capacete que o cretense Meríones, no canto X da *Ilíada*, coloca sobre a cabeça de Ulisses.

> Põe-lhe, na cabeça, um capacete recortado no couro de um boi. No interior, ele é sustentado por múltiplas correias. No exterior, estão colocadas, em grande número e com excelente arte, as presas alvas e luzentes de um javali.

Objetos assim foram encontrados nas escavações de monumentos da era micênica, sob a forma de capacetes ou de modelos reduzidos. O poeta teria visto tais objetos? Não esqueçamos que ele ressalta a sua antiguidade, uma vez que, segundo o texto, quatro personagens, antes de Meríones, já o haviam usado. É difícil saber. Outra explicação, evidentemente, é que ele soubesse de sua existência por tradição oral. Mas essa não é uma hipótese que se possa formular com frequência. No canto XVIII da *Ilíada*, Homero descreve longamente o escudo que o deus ferreiro Hefesto fabricou para Aquiles. Nenhum objeto desse gênero — no qual se veem, ao mesmo tempo, o mundo inteiro e duas cidades bastante diferentes — jamais existiu, e seria vão imaginar que Homero tenha se inspirado num modelo.

O caso da *Odisseia* suscita problemas mais complexos. Desde a Antiguidade, identificou-se a ilha dos feaces à Córcira, hoje Corfu, nas ilhas jônias, a oeste da Grécia. Em 1797, quando Napoleão Bonaparte se apossou de Corfu, que pertencia então à República de Veneza, observou que "a ilha de Córcira foi, segundo Homero, a pátria da princesa Nausícaa" e que o bispo da ilha, ao receber o oficial francês que comandava as tropas de desembarque, entregou-lhe, solenemente, um exemplar da *Odisseia*.

Desde a Antiguidade também, as etapas da viagem de Ulisses entre Troia e a ilha dos feaces eram consideradas lendárias. E o que se pensa hoje? Esforços enormes foram realizados por inúmeros estudiosos para identificar até mesmo o menor rochedo encontrado por Ulisses entre Troia e Ítaca, na sua viagem de retorno. Um erudito francês, Victor Bérard (que foi também um político), traduziu a *Odisseia* e se esforçou por demonstrar que, por trás dessa obra, revelava-se um documento de origem fenícia — os fenícios habitavam o litoral do atual Líbano — e que cada etapa da viagem correspondia a uma localidade assinalada no mapa. O resultado mais concreto dessa pesquisa foi uma coleção de fotos que nos dão a conhecer numerosos sítios do Mediterrâneo dignos de serem admirados, mas que nem Ulisses, nem Homero, o poeta da *Odisseia*, jamais visitaram.

O que complica ainda mais as coisas é que há, na *Odisseia*, diversas narrativas diretas de viagens — quando o próprio poeta as relata — e indiretas, quando um personagem toma a palavra. Diretas são as viagens do próprio Ulisses entre a ilha de Calipso e a dos feaces e, depois, entre esta última e Ítaca. Direta também é a viagem de seu filho Telêmaco desde Ítaca até Pilo e Lacedemônia, com retorno a Ítaca. Indireta é a narrativa que Ulisses faz, na casa de Alcínoo, de suas viagens entre Troia e a ilha de Calipso, à qual podemos acrescentar o relato, por parte de Menelau, de sua viagem ao Egito, onde o mago Proteu lhe informa o destino de Ulisses e onde também lhe é revelado o sinistro destino de Agamêmnon — assassinado por sua esposa e pelo amante desta, Egisto —, bem como o de Ájax, filho de Oileu, precipitado no mar por Posídon. Podemos acrescentar ainda os relatos, teoricamente falsos, de um Ulisses transformado em cretense que conta a Eumeu, o guardador de porcos de Ítaca, suas aventuras em Creta, na Trôade, no Egito, na Líbia e no Épiro — relatos repetidos por Ulisses disfarçado a Penélope. E isso sem falar de Eumeu, que tem as suas próprias aventuras nas quais os fenícios desempenham um papel importante.

Assim como não é historiador, Homero também não é geógrafo, mesmo se consideráveis esforços continuam a ser feitos nos nossos dias, a exemplo do que também ocorreu na Antiguidade, no sentido de reconstituir o mundo tal qual ele o imagina. São raras as indicações topográficas na *Odisseia*. Ainda assim, o país dos mortos está situado no norte, terra do frio, o que é bastante natural para um autor mediterrâneo.

Não é levantando esse tipo de questão que se pode, penso eu, explicar a *Odisseia*. Existe efetivamente um mundo que, aos olhos de Homero, é um mundo real. O indício que denota a "realidade" desse mundo é o fato de que os homens cultivam a terra e que esta produz trigo para fazer pão. Bem entendido, Ítaca pertence ao mundo dos homens. A imensa maioria dos eruditos identifica-a à ilha jônia de Thiaki, cujo nome oficial é justamente Ítaca. Aí se encontrou um antigo culto do herói Ulisses e também se descobriu uma gruta onde haviam sido conservados numerosos tripés de bronze. No entanto, os habitantes de uma ilha vizinha, de nome Cefalônia, que segundo Homero fazia parte do reino de Ulisses, têm feito uma campanha encarniçada para convencer-nos de que só a ilha deles, em virtude de seu tamanho, paisagens e beleza, é digna de ter sido a Ítaca de Homero.

Telêmaco só viaja num mundo "real". De Ítaca, ele ganha Pilo, onde reina o velho Nestor; depois Esparta, reinado de Menelau e da sempre bela rainha Helena. Menelau e Helena ficaram retidos no Egito durante a viagem de retorno. Esse país é bastante "real", já que a sua terra também produz trigo, mas é, além disso, um lugar mágico. Menelau consulta o feiticeiro Proteu, e Helena consegue um remédio perfeito para a insônia. Quando Ulisses, fingindo ser cretense, relata as diversas provas por que passou em Creta, na Trôade, no Egito e no Épiro, ele se inspira no mínimo, evidentemente, num mundo "real".

No mundo das viagens narradas por Ulisses em terra feácia, haverá um pouco do que o poeta Jacques Prévert chamava de "os terrificantes percalços da realidade"? O ponto de partida, Troia, é imaginado como "real", da mesma forma que o povo dos cícones, na Trácia, contra o qual Ulisses se bate e de quem obtém o vinho que embriagará o ciclope Polifemo. Depois Ulisses costeia o litoral da Grécia oriental. Após o cabo Málea, no extremo sul do Peloponeso, enfrenta uma tempestade e passa ao largo da ilha de Citera. Só após dez dias de borrasca é que entra num mundo totalmente diferente, o da fábula, o do não humano.

A cultura do trigo é um critério absoluto. Se tomarmos

as duas outras plantas que fazem parte da chamada "trilogia mediterrânica" — a vinha e a oliveira —, constataremos que elas podem estar presentes no mundo selvagem, o que não ocorre com o trigo. As etapas das viagens de Ulisses nos permitem verificar que ele encontra ora personagens superiores à humanidade viva e mortal, ora próximos da humanidade, ora finalmente além dela.

Além das sereias, cujo canto mortal já mencionei, há outras deusas, como Circe e Calipso, que receberam Ulisses no seu leito. Circe é uma maga que transforma os companheiros de Ulisses em porcos (figura 32). Avisado pelo deus Hermes, Ulisses evita esse desastre, recupera os seus camaradas e consegue que a deusa lhe dê conselhos de viagem bem úteis (figura 31). Quanto a Calipso, ela lhe oferece, além do seu leito, o que se poderia chamar de "naturalização divina". Ulisses recusa, preferindo permanecer humano e reencontrar Penélope. É essa opção pela humanidade que dá significado ao poema. Uma única divindade é masculina: Éolo, senhor dos ventos, que os encerra num odre, o qual, por uma imprudência fatal dos companheiros de Ulisses, é aberto nas proximidades de Ítaca. Éolo é casado: tem seis filhos e seis filhas. Cada filho homem é casado com a irmã. Entre os homens isso é considerado incesto, mas os deuses não têm tais limitações.

Imortais são também as vacas do Sol, animais divinos que os companheiros de Ulisses cortam em pedaços e cozinham. Eles pagarão esse crime com a própria vida, e só Ulisses sobreviverá.

Após a tempestade, Ulisses desembarca na terra dos comedores de *lotós*, os lotófagos. Trata-se de um fruto que faz perder a memória e o desejo de voltar ao lar. A memória é apanágio dos homens, e Ulisses se abstém de comer *lotós*.

O ciclope Polifemo é um canibal, comedor de homens. Ele devora vários dos companheiros de Ulisses inteiramente crus e é vencido somente pela embriaguez. Sabe-se que Polifemo é um monstro de um olho só, mas, mais do que isso, faz parte de um povo que não conhece nem a agricultura nem a vida em sociedade. Os ciclopes são criadores de animais, nômades, pastores. Já os lestrígones, canibais também, são pescadores que capturam os companheiros de Ulisses da mesma forma que os pescadores gregos, italianos ou árabes pegam atum nas redes de uma almadrava. Mencionemos finalmente Caribde e Cila, que muito cedo vieram a simbolizar o estreito de Messina, entre a Sicília e a Calábria, ou seja, a ponta da bota italiana, onde ainda hoje existe uma cidade de nome Scilla. São elas também seres monstruosos que não hesitam em devorar homens quando a ocasião se apresenta.

Ao lado da humanidade viva, há os mortos aos quais Ulisses tem acesso sacrificando uma ovelha negra. Os mortos não comem pão, mas bebem sangue. Ulisses encontra, no país dos mortos, o adivinho Tirésias, que lhe anuncia suas futuras viagens, a sombra impalpável de sua mãe e também as dos seus companheiros de combate, bem como as de uma série de mulheres ilustres. É sem dúvida o momento da viagem em que o herói está mais afastado da humanidade, já que o sacrifício realizado o distanciou da vida.

Entre os deuses, os monstros, os mortos e a terra dos homens "comedores de pão", há personagens intermediários como os habitantes da ilha dos feaces. Por um lado são homens, já que conhecem a vide, a oliveira e o cultivo do trigo, mas, por outro, costumam receber visitas dos deuses e foram outrora vizinhos dos ciclopes. São navegadores profissionais, porém fingem desprezar os comerciantes. Vivem perpetuamente em festa, da mesma forma que os pretendentes instalados em Ítaca, no palácio de Ulisses.

Inicialmente, Ulisses foi retratado como navegador. É assim que o vê Dante no *Inferno*, e também o escritor grego Kazantzakis, na continuação que elaborou para a *Odisseia*. Os habitantes gregos ou bárbaros da Itália bem cedo fizeram de Ulisses um de seus heróis. Ele tem, por exemplo, um papel muito importante entre os etruscos, povo que ocupava a área que hoje chamamos Toscana. Em resumo: Ulisses é considerado um intermediário, e isso ele deve àqueles que nos transmitiram os contos e as lendas da *Odisseia*. Ora, quanto ao Ulisses de Homero, ele só navega e explora forçado. Num determinado momento, o adivinho Tirésias lhe anuncia, nos Infernos, que ele encontrará a morte — uma morte longe do mar, uma morte tranquila — quando, após uma última aventura, um viajante, ao encontrá-lo numa estrada, tomar o remo que ele estará carregando ao ombro por uma peneira de joeirar trigo. Está aí o símbolo de que o seu destino se vincula não exatamente ao mar, mas sim à terra "que dá o trigo".

3. Gregos e troianos

No século v a.C., que se convencionou chamar de época clássica (a que é simbolizada pelos monumentos da Acrópole de Atenas), os homens costumavam ser divididos em duas categorias: os gregos, chamados de helenos — ainda hoje o nome que prevalece na Grécia —, e os bárbaros. A palavra "bárbaro" tem certamente uma conotação pejorativa, mas o seu sentido inicial significa simplesmente "aquele que não fala o grego e que parece estar balbuciando". Não se trata de uma oposição de "raças". Muitos gregos escreveram: torna-se grego pela educação, a *paideia*, e não pelo nascimento. A Grécia *se fez* Grécia. É o que Tucídides explica já no início da sua obra-prima, *História da guerra do Peloponeso.*

Essa oposição entre gregos e bárbaros aparece ao longo das *Histórias* de Heródoto, o historiador que precedeu Tucídides. Heródoto desejava saber de onde vinha o conflito entre gregos e persas — o que nós chamamos de guerras médicas — e, entre os antecedentes desse conflito, incluiu o rapto de Helena por Páris, episódio que desencadeou a guerra de Troia. Portanto, para ele, os troianos são bárbaros, e o mesmo ocorre com relação aos grandes poetas trágicos do século V: Ésquilo, Sófocles e Eurípides. Troia é, para eles, uma cidade bárbara, ainda que Eurípides se questione, claramente, sobre o valor dessa oposição.

E quanto a Homero? Tucídides já havia observado que, na *Ilíada*, Hélade não é o nome genérico do que nós chamamos Grécia. Hélade é o nome de uma parte da Tessália, na área central da Grécia continental, e, no "Catálogo dos barcos", no canto II da *Ilíada*, é, junto com a Ftia (o país dos mirmídones), a região de onde vêm os guerreiros comandados por Aquiles, "o melhor dos guerreiros". Quando Homero quer se referir aos que sitiam Troia, emprega indiferentemente, ao que parece, três termos: aqueus, dânaos (descendentes de um dos reis míticos que criaram a Grécia) ou argivos. Argos é uma cidade ao norte do Peloponeso, é domínio de Agamêmnon, sem ser verdadeiramente distinta de Micenas (da qual está distante apenas uns oito quilômetros). Mas houve outras Argos, na Grécia setentrional, e a palavra significa provavelmente "planície bem visível". Os aqueus, em época clássica, eram os habitantes de uma parte do Peloponeso, mas há menção a eles, ao que parece, em documentos hititas da Ásia Menor, no final do segundo milênio.

O que acabei de dizer sobre os helenos e a Hélade só vale para a *Ilíada*. O termo Hélade na *Odisseia* já está próximo de seu sentido clássico, o que é uma prova suplementar do seu caráter tardio e de que, na sua elaboração, há a mão de um outro poeta.

E os troianos? Para o poeta da *Ilíada* eles são "bárbaros"?

Na verdade, essa palavra é desconhecida de Homero. Mais exatamente, quando trata dos cários de Mileto — quer dizer, os vizinhos bem próximos dos jônios —, ele os chama de "barbarófonos". Se assim posso dizer, é o jônio que fala dessa forma, e não o aqueu, o qual ocupa, no seu texto, um lugar de protagonista. Nada mais natural. O "bárbaro" é sempre o vizinho que não fala a nossa língua. Os russos, por exemplo, chamam os seus vizinhos alemães de "mudos", isto é, aqueles que não falam russo.

Troianos e aqueus não se diferenciam mais claramente do que, por exemplo, os cristãos e os sarracenos da *Canção de Rolando*. Veneram os mesmos deuses e lhes fazem sacrifícios. Há um santuário de Atena em Troia, apesar de essa deusa ser totalmente hostil aos troianos. Não há, entre aqueus e troianos, o menor problema de comunicação, a menor alusão ao fato de que eles não poderiam falar a mesma língua. Com certeza isso decorre das convenções do gênero épico. No fim das contas, também Polifemo, na *Odisseia*, fala grego.

Heitor não era, absolutamente, nos tempos posteriores a Homero, o nome de um bárbaro. Sem dúvida alguma, um Heitor foi rei em Quios. Havia um culto de Heitor em Tebas e, em Taso, ilha vizinha das costas da Trácia, uma circunscrição da cidade levava o nome de "Priâmides", o que espantou o arqueólogo que descobriu a sua existência numa inscrição lapidar.

No canto IV da *Ilíada* há uma passagem acerca do exército troiano:

> Nem todos têm o mesmo sotaque ou idioma semelhante: as línguas se misturam; é gente vinda de países diversos.

Mas Homero toma o cuidado de distinguir os troianos propriamente ditos de seus aliados. Isso ocorre, por exemplo, no canto x:

> Nossos ilustres aliados, diz o troiano Dólon, dormem; no que diz respeito à guarda, fiam-se nos troianos; é porque não têm crianças nem mulheres vivendo ao lado deles.

Aí está, efetivamente, a maior diferença. Os troianos formam aquilo que se chama cidade: homens, mulheres, velhos, crianças. As mulheres são — nem todas — esposas legítimas. Assim, Andrômaca com Heitor, Hécuba com Príamo. Nos leitos dos aqueus só dormem concubinas. Para um período de dez anos de sítio, Homero não faz alusão ao nascimento de uma única criança. Quando Pátroclo morre, Briseida, companheira de Aquiles, explica de maneira tocante (embora o poeta tenha posto nessa passagem um pouco de humor) que o jovem lhe havia prometido

> fazer dela a esposa legítima do divino Aquiles, o qual a levaria a bordo de sua nau para a Ftia, onde seriam celebradas as bodas na presença dos mirmídones.

Essas núpcias, que implicavam o retorno de Aquiles ao seu país, não aconteceram, tampouco foram realizadas as bodas do mesmo Aquiles com Ifigênia, filha de Agamêmnon e Clitemnestra. O pai prometera Ifigênia ao herói em troca do retorno deste à luta.

As bodas são, também, para Homero, uma ocasião de praticar o que se poderia chamar de humor negro. No canto III, Idomeneu, cretense já idoso, mata Otrioneu, que fora socorrer Troia com a esperança de desposar Cassandra, filha de Príamo, "a primeira em beleza". Triunfante, Idomeneu carrega o cadáver, proclamando que o noivo de Cassandra vai então casar-se com uma filha de Agamêmnon, ela também "a primeira em beleza".

Entre os dânaos e os que combatem por Troia, as relações, sobre um pano de fundo de guerra de aniquilamento, podem ter momentos de cortesia. É o que se passa no canto VI quando se encontram Diomedes e Glauco, originário da Lícia. Os dois homens comparam as suas genealogias e descobrem que são hóspedes hereditários um do outro. Essa relação de hospitalidade recíproca é tão forte quanto uma relação de parentesco. Os dois homens permutam as suas armaduras, mas, aqui novamente, Homero mostra o seu humor e a sua ironia:

> Mas, nesse momento, Zeus, filho de Crono, retira também de Glauco a razão já que, ao cambiar as suas armas com Diomedes, o filho de Tideu, ele lhe dá ouro em troca de bronze — o valor de cem bois contra o de nove!

Heitor e Ájax também permutam presentes, mas em condições mais equitativas.

A imparcialidade de Homero em relação aos heróis dos dois campos que se defrontam é total? Trata-se de uma questão difícil. Alguns leitores acham até que o poeta é mais favorável aos troianos do que aos aqueus. É a resposta instintiva da maioria dos leitores modernos. Um crítico britânico chegou mesmo a sugerir, há um século, que Homero deve ter sido troiano ou, pelo menos, filho de uma troiana. Nada é mais comovente para nós, leitores modernos, do que os encontros entre Heitor e Andrômaca, o doce diálogo do canto VI, na presença do filho Astíanax, e o desespero da viúva no canto XXII. Indigna-se o leitor moderno ao constatar que Aquiles mata Heitor com o auxílio de Atena, que não hesita em tomar a aparência do irmão de Heitor para conduzi-lo, mais rapidamente, à morte. Mas esquece que, quando Heitor mata Pátroclo, isso é feito com o concurso direto de uma outra divindade, Apolo em pessoa (figura 15).

Finalmente, como esquecer que a *Ilíada* termina com os funerais de Heitor, depois que Príamo suplica a Aquiles a devolução do corpo de seu filho (figura 20)?

> Lembra-te de teu pai, ó Aquiles igual aos deuses...

Tanto os aqueus como os troianos são, igualmente, heróis mortais, heróis que sabem que são destinados à morte. Assim, no canto VI, Glauco, lício a serviço de Troia, questionado por Diomedes sobre a sua genealogia, lhe responde:

> Magnânimo filho de Tideu, por que me perguntas sobre o meu nascimento? Assim como nascem as folhas, assim fazem os homens. As folhas, uma a uma, o vento as espalha pelo solo, enquanto é a floresta verdejante que as faz nascer, quando chegam os dias de primavera. Da mesma forma os homens: uma geração nasce no instante mesmo em que outra se apaga.

Todos os homens são mortais, inclusive os filhos de divindades como, por exemplo, Eneias, filho de Afrodite, e Sarpédon, filho de Zeus; e do lado grego, Aquiles, filho de Tétis. Todos os homens são mortais, inclusive, bem entendido, Heitor, o qual, segundo Posídon, gaba-se de ser "o filho de Zeus, o forte", mas isso não quer dizer que todos os homens sejam iguais, muito pelo contrário. Isso vale para os dois campos, e eu voltarei ao assunto.

Como Troia se distingue dos sitiantes? Ela tem, aos olhos dos gregos, alguns traços orientais: a presença abundante do ouro na cidade, por exemplo, e também nos adornos dos guerreiros aliados de Troia. Já vimos o caso de Glauco, mas o de Reso, rei trácio, é mais notável ainda:

> Seu carro é ornado de ouro e de prata. Chegou aqui trazendo armas de ouro gigantescas. Tão maravilhosas que parecem apropriadas para deuses e não para simples mortais.

Um dos aliados de Troia, no final do canto II, "marcha para o combate coberto de ouro, como uma moça"; o comentário é sarcástico:

> Pobre tolo! O ouro não afastará dele a morte cruel: cairá perto do rio sob os golpes do Eácida de pés ligeiros [Aquiles] e será o belicoso Aquiles quem ganhará todo esse ouro.

Há ouro, certamente, no escudo que Hefesto forjara para Aquiles no canto XVIII, depois que Heitor se apossa de suas armas junto ao cadáver de Pátroclo. Mas não se trata de uma armadura de ouro.

Outro traço característico de Troia é a presença do palácio de Príamo, o velho rei. Homero mostra Heitor chegando

> diante do palácio de Príamo, ornado de pórticos refinados. Lá estão os cinquenta quartos de pedra polida, construídos em sequência, onde dormem os filhos de Príamo, ao lado de suas legítimas esposas. Do outro lado, em frente, estão os quartos das filhas, doze câmaras de pedra polida, com um teto em forma de terraço, construídas em sequência, onde dormem os genros de Príamo, ao lado de suas dignas esposas.

Cinquenta filhos e doze filhas. Isso, evidentemente, não tem nenhum sentido "realista". Príamo possui numerosas esposas, mas os seus filhos são monógamos. Os aqueus não são maridos fiéis, porém, em regra, são monógamos.

Troia é uma cidade que não conhece a rebelião. Mas pode haver, na *ágora*, lugar de deliberação, certa tensão. No canto XIII, Polídamas, que encarna a prudência diante da loucura guerreira de Heitor, representa também o bom senso do povo diante do tirano. Príamo tem um filho que se chama Polités (Cidadão), e a cidade fica unida até os funerais de Heitor.

No século V, os gregos utilizavam um termo para indicar a divisão no seio da cidade, a palavra *stasis*. Mas Homero não a conhece. Troia não é uma cidade dividida. E o campo aqueu, onde existem assembleias e conselhos, pode ser considerado uma "cidade" no sentido político do termo? A contestação aparece aí, de forma séria, uma só vez, para ser condenada sem demora. Um guerreiro de nome Tersites "pia como um gaio", ele que é

> o homem mais feio que veio para Troia. Manco, defeituoso, ainda por cima é corcunda e, no seu crânio pontudo, há muito pouco cabelo.

Não é um retrato lisonjeiro. Mas, nesse canto II, que faz o catálogo dos guerreiros gregos e troianos, é um exemplo quase único de luta de classes. Ele investe contra Agamêmnon:

> Ora, vamos, filho de Atreu, de que te queixas? De que ainda tens necessidade? Tuas barracas estão cheias de bronze e de mulheres, presas de qualidade que nós, aqueus, te concedemos, em primeiro lugar, toda vez que uma cidade é tomada. Ou, por acaso, precisas de ouro — do ouro vindo de Ílion trazido por um troiano domador de cavalos para resgatar o filho, capturado e amarrado por mim ou qualquer outro aqueu — ou ainda de uma jovem cativa para saborear o amor nos seus braços e guardá-la somente para ti?

Tersites paga caro essa independência. Ulisses o golpeia, e todos se divertem.

Nada de *stasis*, portanto, no sentido literal da palavra, mas, de qualquer forma, o campo aqueu se vê atravessado por uma querela e pela cólera, a de Aquiles contra Agamêmnon, desde o primeiro canto da *Ilíada*. Obrigado por Apolo a entregar ao pai sua cativa e concubina Criseida, Agamêmnon se apossa de Briseida, a companheira de Aquiles. Impedido, por Atena, de matar Agamêmnon, Aquiles se retira da guerra, proclamando que ela não lhe diz mais respeito, que não vê mais a sua necessidade. Assim, se a palavra *stasis* não é homérica, a ideia de guerra civil, de guerra intestina, está bem presente. É contra ela que, no canto IX, argumenta Nestor, o ancião sábio do campo aqueu: "Não, não tem clã, nem lei, nem lar aquele que deseja a guerra intestina, a guerra que gela os corações". E, com um bom conselho, Nestor continua:

> Obedeçamos à noite negra e preparemos a nossa refeição!

Aquiles volta a esse ponto no canto XVIII:

> Morram a cólera e a discórdia!

Graças à morte de Pátroclo, o campo aqueu está agora unido.

Analisemos a oposição entre gregos e troianos por um outro ângulo. Tratando-se da capacidade guerreira e, especialmente, do número de vítimas, não há dúvida de que Heitor só é ultrapassado por Aquiles, mas, no conjunto, os aqueus superam os troianos. As comparações coletivas mostram isto: os aqueus são abelhas, e os troianos são gafanhotos. Procuraríamos em vão, no que diz respeito aos aqueus, uma comparação com carneiros balindo, como a que é feita, no canto IV, em detrimento dos troianos. De modo geral, é a ordem e a eficácia militar que caracterizam os sitiantes, enquanto a desordem e o medo estão personificados nos sitiados. Poder-se-ia acrescentar que muitos troianos dirigem súplicas a seus adversários vencedores. É o caso de Heitor diante de Aquiles ou de Príamo quando reclama o corpo do filho (figura 20).

Mas existe, entre aqueus e troianos, uma diferença muito mais grave, muito mais fundamental, e que será, na Atenas do século v, um dos temas da tragédia. Alguns aqueus morrem, outros sabem que estão destinados à morte. É o caso de Aquiles, que teve de escolher entre uma vida longa e obscura e uma vida breve e heroica. Inversamente, observa-se, entre os troianos, uma consciência aguda de que a desgraça será coletiva, de que Troia está destinada ao desaparecimento e de que, de alguma maneira, ela já incorporou a morte. Agamêmnon é o primeiro a proclamar, no canto IV:

> Não tenho nenhuma dúvida, tanto na alma como no coração: chegará o dia em que ela sucumbirá, a santa Ílion, e também Príamo e o seu povo diante de nossas lanças.

Porém é o próprio Heitor quem repete esses versos no canto VI, na cena famosa de seu reencontro com Andrômaca, acrescentando:

> Preocupo-me menos com a dor que espreita os troianos, a própria Hécuba e o rei Príamo, ou ainda os meus irmãos, numerosos e bravos, que poderão cair ao solo sob os golpes de nossos inimigos, do que com a tua, quando um aqueu, coberto de bronze, encontrará a ti em prantos e te arrastará para longe, retirando-te a luz e a liberdade. Talvez, então, em Argos, tu tecerás para uma outra; talvez trarás água da fonte Messeis ou do Hipereu, sofrendo inúmeros constrangimentos, porque um destino brutal pesará sobre ti. E um dia, vendo-te chorar, os homens dirão: "É a mulher de Heitor,

o primeiro em combate entre os troianos quando se lutava em torno de Ílion".

A *Andrômaca* de Racine, que alguns de meus leitores certamente conhecem, já está em germe nesses versos famosos. Todo grego, ouvinte ou leitor do poema homérico, sabia que Troia estava destinada à morte, assim como nós sabemos, quando lemos um relato da batalha de Waterloo, que Napoleão será vencido. Inúmeras imagens ilustravam, nos vasos áticos, o fim de Troia. No entanto, ninguém exprimiu melhor esse sentimento do inelutável do que o poeta grego Constantino Cavafis, no poema *Troianos*, no início do século XX:*

São nossos esforços os dos infortunados;
são nossos esforços como os dos troianos.
Conseguimos um pouco; um pouco
levantamos a cabeça; e começamos
a ter coragem e boas esperanças.
Mas sempre surge alguma coisa que nos para.
Aquiles junto do fosso à nossa frente
surge e com grandes gritos assusta-nos.
São nossos esforços como os dos troianos.
Cuidamos que mudaremos com resolução
e valor a contrariedade da sorte,
e estamos cá fora para lutar.
Mas, quando vier o momento decisivo,
o nosso valor e a nossa resolução perdem-se;
a nossa alma fica alterada, paralisa;

* Tradução de Joaquim Manuel Magalhães e Nikos Pratsinis, em C. Cavafis, *Poemas e prosas*, Lisboa, Relógio d'Água, 1994, p. 33. (N. T.)

e em redor das muralhas corremos
à procura de nos salvarmos pela fuga.
Porém a nossa queda é certa. Em cima,
nas muralhas já começou o pranto.
Choram pelas memórias e os sentimentos dos nossos dias.
Amargamente choram por nós Príamo e Hécuba.

4. A guerra, a morte e a paz

A *Ilíada* é o poema da guerra. Em caso de necessidade, os próprios deuses intervêm para contrariar os processos de paz. Assim, no canto III, os adversários tentam resolver a querela por meio de um duelo entre os campeões Páris e Menelau, os dois que disputam Helena. Afrodite arranca Páris do amplexo mortal de Menelau e o conduz, em pleno dia, para o leito de Helena, o que é um erro: o amor se faz à noite; a guerra, de dia. No canto IV, Atena e Hera sugerem que o arqueiro Pândaro lance traiçoeiramente uma flecha na direção de Menelau. E imediatamente a guerra recomeça.

De certa maneira, a *Odisseia* é o poema da paz, ainda que por vezes ocorram lutas. Diferentemente da *Ilíada*, concluída com a trégua que permite a realização dos funerais de Heitor, a *Odisseia* termina com uma paz estabelecida entre Ulisses e as famílias dos pretendentes mortos por ele. Atena ordena:

Interrompei essa guerra cruel! [...]
entre as duas partes a concórdia está selada.

Ao longo de seu périplo, Ulisses não se preocupa em guerrear, pensa apenas em reencontrar a sua esposa e o seu lar, esse lugar de estabilidade simbolizado pelo leito conjugal fixado numa oliveira que não se pode arrancar. Entre os feaces, sua última etapa, ele encontra um povo entregue não às artes da luta e da guerra, mas sim às alegrias da paz e do banquete.

Essa oposição entre a guerra e a paz aparece, com todo o seu significado simbólico, no canto XVIII da *Ilíada*. No escudo forjado por Hefesto para Aquiles, opõem-se duas cidades: a da paz, do casamento, das danças, dos debates judiciários — é apenas em tempos de paz que os juízes podem entregar-se às alegrias da arbitragem —, e a da guerra, sitiada e preparando uma emboscada. Um velho tema, portanto, pois já figura no estandarte de Ur, na Mesopotâmia, no terceiro milênio antes da nossa era.

É bom lembrar que ninguém jamais lutou como os heróis de Homero. Eles são conduzidos de carro à batalha e descem para enfrentar o inimigo. Só o velho Nestor não deixa o seu carro para combater a pé. Tudo o que sabemos sobre o carro de combate no Mediterrâneo oriental e no Oriente Próximo contradiz essa visão das coisas. O aedo sabia que o carro fora um instrumento de guerra — o que já não ocorria no seu tempo. Portanto, ele associou os seus heróis aos carros, mas estes não servem mais para a luta. De alguma maneira, foram transformados em táxis!

Na falta de uma guerra de verdade, o que podemos

decifrar na *Ilíada* é uma ideologia da guerra, da mais bela guerra — porque há uma bela guerra assim como há uma bela morte. O troiano Heitor dá a melhor definição disso no canto VII, diante de Ájax (figura 14):

> Ájax, divino filho de Telamônio, chefe guerreiro, não tente me sondar como se eu fosse uma criança fraca ou uma mulher ignorante da arte militar. Eu entendo de combate e de carnificinas. Sei mover para a direita e para a esquerda o meu resistente instrumento de guerra. Sei atacar no meio dos carros rápidos. Sei dançar, no corpo a corpo, a dança do cruel Ares. Mas um homem como tu, eu não quero espreitar e golpear de surpresa, mas sim abertamente, procurando te atingir.

A perfídia de Atena conduz o próprio Heitor a afrontar Aquiles num cara a cara mortal. Ela toma a forma de Deífobo, irmão de Heitor, e propõe-lhe: espere por Aquiles e combata. Depois disso, desaparece. A Aquiles, Heitor sugere um pacto: em caso de vitória, ele não ultrajará o corpo de Aquiles, e pede reciprocidade. Mas Aquiles responde:

> Maldito, não venhas me falar de acordo. Não há pacto leal entre os homens e os leões, da mesma forma que os lobos e os cordeiros não têm corações feitos para se entender.

Após o sucesso, Aquiles ata o corpo de Heitor ao seu carro e o arrasta, com a "sua cabeça outrora atraente", em torno da tumba de Pátroclo, em tributo ao amigo defunto (figura 24).

Há nessa guerra momentos de cortesia, regras que Heitor precisamente convida a respeitar. Então a guerra de Troia é um conjunto de duelos? Certamente não. Excetuando-se o combate do canto XXII, entre Aquiles e Heitor, só há um duelo com morte, o duelo antigo narrado pelo velho Nestor, entre ele mesmo e o gigante Ereutalião, no canto VII. O duelo entre Diomedes e Glauco não acontece, o de Menelau e Páris é interrompido por Afrodite, o de Heitor e Ájax termina com uma troca de presentes; quanto ao que opõe Eneias a Aquiles, no canto XIX, é Posídon em pessoa, o "agitador do solo" (favorável, no entanto, aos aqueus), quem o faz mudar repentinamente, ao envolver Eneias num nevoeiro. Sem dúvida Homero está querendo dizer que sobreviver faz parte do destino de Eneias.

De resto, na *Ilíada*, alguns feridos são curados, e a morte jamais é lenta. A imensa maioria dos que são abatidos não morre no decorrer de um duelo, mas no que se costuma chamar de *aristeia* (valentia), uma série de proezas no curso das quais o guerreiro, tomado pelo furor, adquire uma força sobre-humana e abate tudo o que está na sua passagem. A *aristeia* por excelência é a de Aquiles, nos cantos XX e XXI, após a morte de Pátroclo. O próprio Pátroclo matou, no canto XVI, Sarpédon, o filho lício de Zeus que este, com pesar, deixou morrer. Pelo menos Zeus faz com que o seu corpo seja retirado pelo Sono e pela Morte, os quais o transportam para a Lícia... Aí está um exemplo extraordinário da bela morte. Assim julgou o oleiro e pintor ático Eufrônio, já que, num dos mais belos vasos de sua autoria, representou o arrebatamento do corpo de Sarpédon (figura da capa).

Só os grandes heróis morrem — Sarpédon, Heitor, para

não falar de Aquiles, cuja morte próxima é anunciada por Heitor moribundo? Na verdade, todas as formas de morte imagináveis são representadas. Apresentarei, como exemplo, a morte de Cébrion, filho de Príamo e cocheiro de Heitor, no canto XVI. É Pátroclo, usando as armas de Aquiles, quem o mata, com uma pedrada.

> A pedra aguçada golpeia-o na fronte, esmagando as sobrancelhas; o osso não a detém, e os olhos caem por terra, na poeira. Como um mergulhador, Cebríones despenca do carro ornamentado.

E Pátroclo prolonga a imagem do poeta:

> Ah, como é destro esse aí! Que desembaraço nos seus saltos! Se se encontrasse um dia no mar piscoso, esse catador de ostras alimentaria muita gente ao pular assim de cima de uma nau, mesmo em tempo borrascoso, tal é a facilidade com que salta de um carro de guerra para o chão. Os troianos têm mesmo excelentes saltarilhos!

Por que escolhi esse exemplo? Por duas razões. A primeira é a graça irônica da imagem. O tema do mergulho no Hades (o reino do deus dos mortos), relativamente comum, não é desenvolvido assim com muita frequência. Além disso, um dos raros afrescos gregos da época clássica que chegou até nós — *O mergulhador* de Paestum, na Itália meridional — mostra um homem que mergulha no mar (figura 11). Ele domina um monumento que foi interpretado como as portas do Hades ou então como as Colunas de

Hércules (o estreito de Gibraltar). Assim, Homero permite, uma vez mais, compreender uma imagem muito posterior e que ele, sem dúvida, inspirou.

Trata-se de uma guerra sem piedade, uma guerra de aniquilamento? A resposta é ambígua. Está claro que os objetivos da guerra não são os mesmos para os dois lados em combate. Para os troianos, o importante é transpor o muro construído pelos aqueus e queimar os seus navios. Eles terão sucesso no que diz respeito ao muro sem, no entanto, realizar a façanha subsequente. Um único herói grego é morto: Pátroclo. A morte de um outro, Aquiles, está programada. Muitos guerreiros anônimos são mortos pelas flechas de Apolo, como relata o canto I, o que quer dizer que eles morrem de peste. A epidemia começa pelos jumentos e cães — uma epizootia, diríamos hoje — e, depois, atinge os homens. Mas a doença não é descrita em nenhum dos seus sintomas. Homero não é Tucídides, que relatará, no século V, a peste de Atenas, após ter sido atingido e ter sobrevivido. Por outro lado, ela não se espalha entre os troianos. Apolo resolveu visar exclusivamente aos homens. Ártemis, que tem poder de morte sobre as mulheres, não intervém. Se Criseida for devolvida ao pai, que é sacerdote de Apolo, a epidemia se interromperá imediatamente. Por certo Apolo exclama no canto IV: "A pele dos aqueus não é de pedra e de ferro", mas as suas pátrias não arriscam nada.

O indício do caráter impiedoso da guerra reside na recusa em fazer prisioneiros. Essa recusa é expressa duas vezes. No canto VI, o troiano Adrasto é capturado vivo por Menelau. Suplica que o poupem, prometendo que seu pai, que é rico, estará disposto a entregar um imenso resgate "em ouro, em bronze e em ferro trabalhado". Menelau está quase se deixando persuadir, mas Agamêmnon intervém:

> Não te lembras do que esses troianos fizeram à tua família? Não, que nenhum deles escape aos nossos braços, ao abismo da morte, nem mesmo a criança no ventre de sua mãe, nem mesmo o desertor! Que todos os de Ílion pereçam juntos!

No canto XXI, outro episódio mostra que a guerra já se *tornou* implacável. Licáon, filho de Príamo — Príamo tem tantos filhos que eles chegam a formar uma espécie de "reserva" para o poeta —, é capturado por Aquiles. É a segunda vez. Ele já fora capturado *à noite* por Aquiles, vendido como escravo em Lemnos e depois resgatado e restituído aos seus. Suplica a Aquiles argumentando que ele não é filho de Hécuba e que não "saiu do mesmo ventre que Heitor". A resposta de Aquiles é perturbadora e sem compaixão. Sim, antes da morte de Pátroclo, o seu coração se comprazia em poupar os troianos. "Pátroclo, que valia mais do que tu, está morto." Ele próprio, Aquiles, está destinado à morte. Mata, portanto, Licáon — cujo nome significa "Homem-lobo" — e exclama a seguir: "Vai descansar alhures, entre os peixes [...]. Morte a todos!".

E, no entanto, a *Ilíada* termina com um episódio no qual jorra aquilo que Shakespeare chama de "leite da ternura humana". Graças à intervenção dos deuses — Apolo, Zeus, a própria Tétis, Íris —, o velho Príamo, acompanhado por Hermes, vai suplicar que Aquiles lhe devolva o filho morto. Traz-lhe um resgate. Não apenas Aquiles aceita, como também partilha a refeição com Príamo, lembrando-lhe que a maior de todas as dores — a de Níobe, por exemplo, cujos filhos, em número de doze, foram mortos por Apolo e Ártemis — não constitui obstáculo à necessidade de alimentar-se. Se Níobe comeu, antes de petrificar-se, então Príamo pode também comer. O cadáver ultrajado de Heitor passa a ser um "belo morto", e a *Ilíada* termina com a majestosa narrativa dos seus funerais.

Naturalmente, como é fácil imaginar, o combate e a morte não são necessariamente heroicos. Nem todas as armas se equivalem, nem todas as guerras são dignas dos maiores heróis, Aquiles e Heitor. Assim também com relação ao arco. Ele é, sem dúvida, a arma do deus Apolo, o que o distingue das armas utilizadas pelos simples mortais. Da mesma forma, quando de seu retorno a Ítaca, Ulisses fará do seu arco, que ele havia deixado lá, o instrumento da sua soberania. Só ele é capaz de retesá-lo. Diante de Troia, os locrenses são arqueiros. Teucro, irmão de Ájax, também é arqueiro e se abriga por trás do escudo de seu irmão. Após Homero, no *Ájax* de Sófocles, por exemplo, ele se tornará um irmão bastardo. Ele é arqueiro porque é bastardo ou é bastardo porque é arqueiro? Do lado troiano, além de Páris, de quem voltarei a tratar, Pândaro, filho de Licáon (outro homem-lobo), é um arqueiro cujo arco — um presente de Apolo — tem toda uma história. Esse Pândaro faz o papel do traidor, já que é ele quem, instigado por Apolo, lança uma flecha contra Menelau para matá-lo (mas consegue apenas feri-lo), o que permite assim aos aqueus romper o acordo concluído entre Menelau e Páris e retomar a ofensiva.

É difícil encontrar um melhor exemplo de como eram

considerados perversos o arco e o arqueiro no mundo da guerra heroica.

Tratando da primeira captura de Licáon, filho de Príamo, eu sublinhei que Aquiles a executara *à noite*. A noite não é o momento da guerra heroica. É o momento do disfarce, da astúcia, da emboscada. Tudo isso está ilustrado na mais estranha passagem da *Ilíada*, chamada de "Dolonia"; em outras palavras: o canto x. Esse episódio se interpõe no instante em que os aqueus estão à beira do desastre. Em vão Ájax e Ulisses tentaram convencer Aquiles a retomar o seu lugar — o primeiro — no combate. Os troianos saíram de suas muralhas e acamparam na planície. De ambos os lados, espiões são enviados à cata de informações. Heitor envia Dólon, cujo nome significa "O Astuto", armado com um dardo e um *arco*. Por sua parte, Agamêmnon e os chefes aqueus, especialmente Nestor, confiam a missão a Ulisses e Diomedes. Ambos os lados utilizam disfarces animais: Dólon tem um barrete de marta e está revestido de uma pele de lobo; Diomedes tem, nos ombros, uma pele de leão, enquanto Ulisses usa o seu capacete com presas de javali.

O leão e o javali vencem o lobo, o que não é de estranhar. Dólon é capturado e revela a presença, no campo de Heitor, do rei trácio Reso, dos seus companheiros, do seu carro magnífico e dos seus cavalos esplêndidos. Todos são assassinados, incluindo Dólon, e os cavalos são roubados. A seguir, Ulisses e Diomedes se purificam no mar. O episódio é praticamente único; mostra que uma outra forma de guerra existia no imaginário dos aedos. Essa outra forma não é a única, e eu terei de voltar ao assunto. Ora, esse episódio, excepcional na *Ilíada*, vai, pelo contrário, tornar-se a norma na *Odisseia*. Se lermos atentamente as narrativas feitas em casa de Alcínoo, do canto VIII ao canto XII, constataremos que Ulisses — o homem da *métis*, palavra grega que designa a astúcia — só emprega uma vez, por ocasião de seu retorno de Troia, a forma de guerra predominante na *Ilíada*. Deixando Troia, ele enfrenta os cícones (povo trácio) e é derrotado espetacularmente. Um a um, todos os seus companheiros morrem, mas, com exceção dos que foram mortos nessa batalha, ninguém morre na guerra. São devorados pelo ciclope Polifemo ou pelos lestrígones, morrem acidentalmente ou ainda, no fim das contas, afogados após o episódio das vacas do Sol.

Todo o poema foi composto sob o signo do disfarce e da astúcia. É pela astúcia que Ulisses se livra de apuros na habitação de Polifemo e deixa o antro do ciclope preso ao tosão de um carneiro (figura 35). Quando Helena, em Esparta, faz a Telêmaco o elogio do mérito de Ulisses durante a guerra de Troia, explica que ele estivera na cidade em missão secreta, disfarçado de mendigo. É com a mesma "indumentária" que ele volta ao seu palácio para reconquistar sua mulher e seu poder, como se Homero quisesse retratar, no personagem de Ulisses, todas as variantes possíveis da condição humana, desde o mendigo até o rei.

Quando volta a ser ele mesmo, declaradamente, Ulisses mata os pretendentes um por um, com flechadas, ajudado por Telêmaco, seu filho, por Eumeu, o porqueiro fiel, e por Filécio, o boieiro igualmente fiel. O combate não é um modelo de afrontamento leal — Telêmaco, por exemplo, golpeia Anfínomo por trás. Mas é o combate da minoria contra a maioria. Os pretendentes são, de longe, mais numerosos. A luta termina com episódios atrozes (figura 37). Melâncio, o cabreiro traidor (seu nome significa "Homem da flor negra"), é mutilado, e sua genitália é jogada para os cães. Quanto às criadas infiéis, que haviam deitado com os pretendentes, não têm direito a uma "morte pura". Telêmaco as enforca no pátio do palácio. A morte delas dá origem a uma das mais belas — mas também uma das mais sinistras — imagens do poema, no canto XXII:

> Assim como os tordos de asas compridas e as pombas,
> Ao voltar para o ninho, prendem-se nas redes erguidas
> [sobre as moitas
> (funesto é o leito em que se encontram!), assim suas
> [cabeças se alinhavam,
> com um nó em cada pescoço, ó morte lamentável!
> Seus pés tiveram um leve sobressalto, e foi tudo.

Trata-se do contrário da "bela morte", tão presente na *Ilíada*.

1. Busto de Homero. Cópia romana de um original grego do período helenístico. O aedo cego visto pelos gregos e romanos.

Nota: Os pintores gregos não têm intenção de ilustrar um texto — mesmo um famoso como a *Ilíada* ou a *Odisseia* —, mas sim de encaminhar, com imagens, a sua própria narrativa. A ilustração virá depois, em época romana e, principalmente, no mundo moderno.

2. Um rapsodo. Ânfora ática com figuras vermelhas atribuída ao pintor de Cleofrades, *c.* 480 a.C.

3. Detalhe de uma placa em terracota, com inscrição em linear B, proveniente de Pilo, *c.* 1200 a.C.

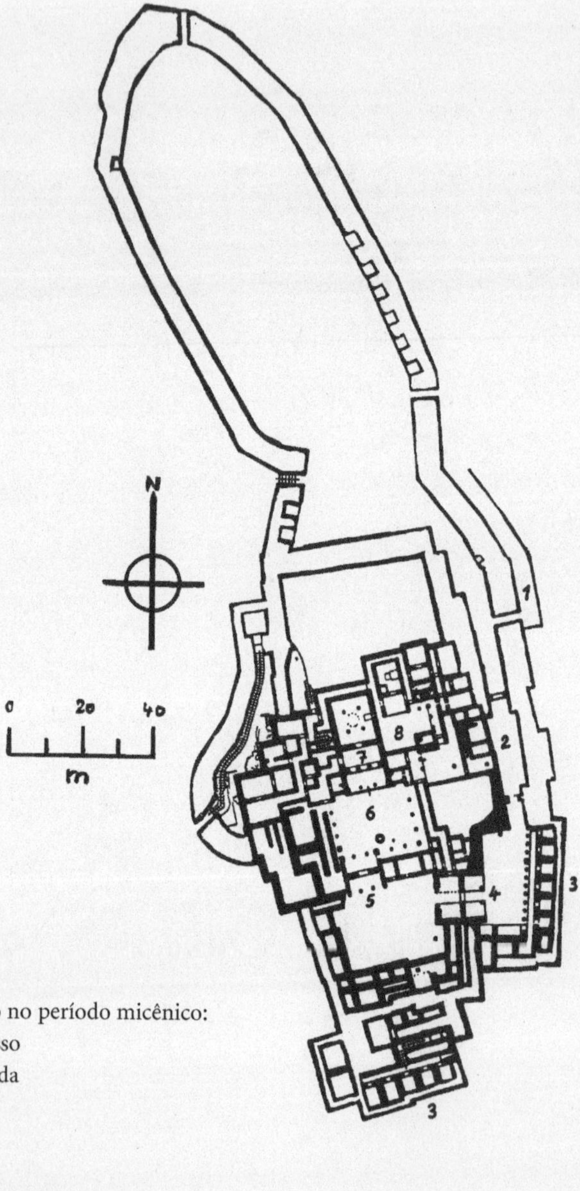

4. Plano de Tirinto no período micênico:
    1. rampa de acesso
    2. salão de entrada
    3. galerias
    4. propileus
    5. vestíbulo
    6. pátio com altar circular
    7. sala principal
    8. parte privativa

5. Ruínas de Troia VI; a muralha do período micênico
por ocasião das escavações de Schliemann (foto de 1875).

6. Carregador de peixe. Afresco de Santorini, século XVI a.C.
Uma Grécia que os gregos não conheceram.

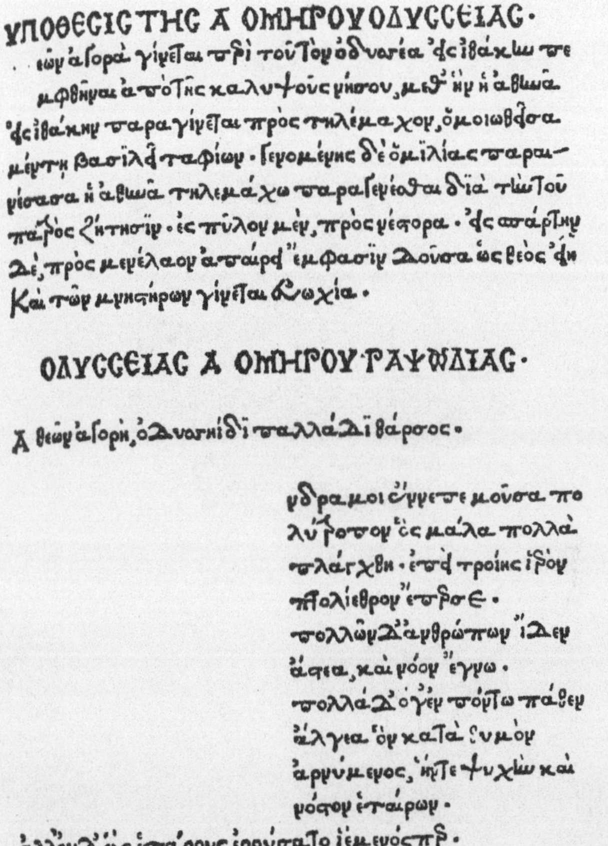

ΥΠΟΘΕΣΙΣ ΤΗΣ Α ΟΜΗΡΟΥ ΟΔΥΣΣΕΙΑΣ.

θεῶν ἀγορὰ γίνεται περὶ τοῦ τὸν ὀδυσσέα εἰς ἰθάκην πεμφθῆναι ἀπὸ τῆς καλυψοῦς νήσου, μεθ' ἣν ἡ ἀθηνᾶ εἰς ἰθάκην παραγίνεται πρὸς τηλέμαχον, ὁμοιωθεῖσα μέντῃ βασιλεῖ ταφίων. γενομένης δὲ ὁμιλίας παραινέσασα ἡ ἀθηνᾶ τηλεμάχῳ παραγενέσθαι διὰ τὴν τοῦ πατρὸς ζήτησιν. εἰς πύλον μὲν, πρὸς νέστορα. εἰς σπάρτην δὲ, πρὸς μενέλαον ἀπαίρει ἔμφασιν δοῦσα ὡς θεὸς εἴη. καὶ τῶν μνηστήρων γίνεται εὐωχία.

ΟΔΥΣΣΕΙΑΣ Α ΟΜΗΡΟΥ ΡΑΨΩΔΙΑΣ.

Α θεῶν ἀγορή, ὀδυσσηΐδι παλλάδι θάρσος.

Ἄνδρα μοι ἔννεπε μοῦσα πολύτροπον ὃς μάλα πολλὰ
πλάγχθη. ἐπεὶ τροίης ἱερὸν πτολίεθρον ἔπερσε.
πολλῶν δ' ἀνθρώπων ἴδεν ἄστεα, καὶ νόον ἔγνω.
πολλὰ δ' ὅγ' ἐν πόντῳ πάθεν ἄλγεα ὃν κατὰ θυμὸν
ἀρνύμενος, ἥν τε ψυχὴν καὶ νόστον ἑταίρων.
ἀλλ' οὐδ' ὣς ἑτάρους ἐρρύσατο ἱέμενός περ.
αὐτῶν γὰρ σφετέρῃσιν ἀτασθαλίῃσιν ὄλοντο
νήπιοι. οἳ κατὰ βοῦς ὑπερίονος ἠελίοιο
ἤσθιον. αὐτὰρ ὁ τοῖσιν ἀφείλετο νόστιμον ἦμαρ.
τῶν ἁμόθεν γε θεὰ θύγατερ διὸς εἰπὲ καὶ ἡμῖν.
ἔνθ' ἄλλοι μὲν πάντες ὅσοι φύγον αἰπὺν ὄλεθρον
οἴκοι ἔσαν πόλεμόν τε πεφευγότες ἠδὲ θάλασσαν.
τὸν δ' οἶον νόστου κεχρημένον ἠδὲ γυναικὸς,
νύμφη πότνι' ἔρυκε καλυψὼ δῖα θεάων
ἐν σπέσσι γλαφυροῖσι, λιλαιομένη πόσιν εἶναι.
ἀλλ' ὅτε δὴ ἔτος ἦλθε περιπλομένων ἐνιαυτῶν,
τῷ οἱ ἐπεκλώσαντο θεοὶ οἶκον δὲ νέεσθαι
εἰς ἰθάκην. οὐδ' ἔνθα πεφυγμένος ἦεν ἀέθλων.
καὶ μετὰ οἷσι φίλοισι. θεοὶ δ' ἐλέαιρον ἅπαντες,
νόσφι ποσειδάωνος. ὁ δ' ἀσπερχὲς μενέαινεν

2 AA I

7. Edição princeps de Homero, impressa em Florença em 1488. Podemos ler o início da *Odisseia*; nessa época os caracteres impressos imitavam os manuscritos.

8. Mulheres fiando e tecendo: uma segura um objeto redondo, espelho ou roca, a outra, um pequeno tear. Píxide ática com figuras vermelhas, *c.* 440 a.C.

9. O oleiro e seu forno. Placa votiva coríntia, *c.* 580 a.C.

10. Cena de caçada a cavalo. Hídria jônia dita de Caerê (Etrúria), *c.* 520 a.C.

11. Mergulhador de Paestum: um salto para o Hades.
Tampa de tumba (Itália meridional), *c.* 480 a.C.

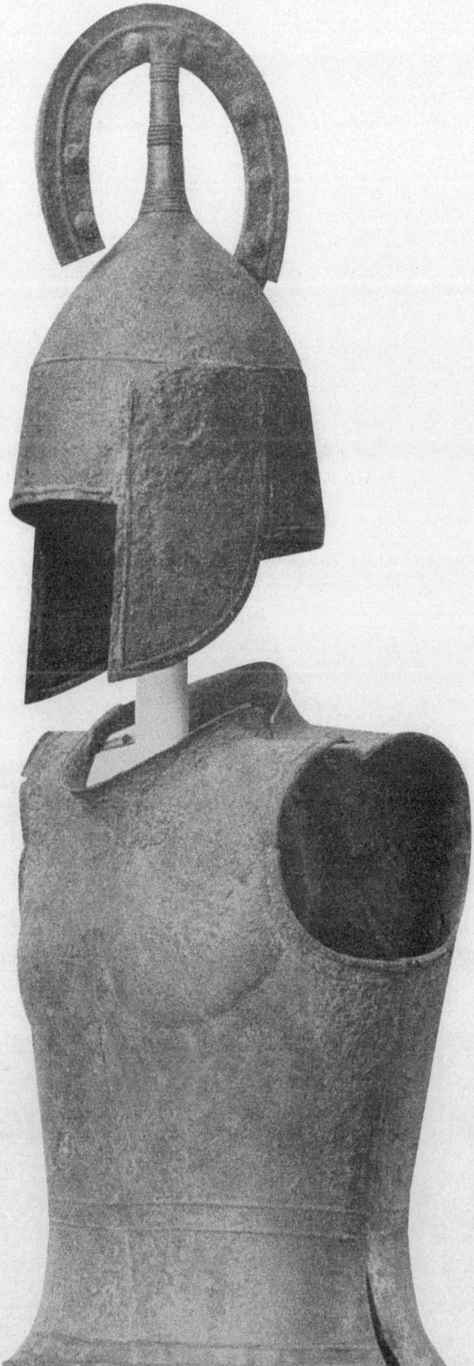

12. Couraça e capacete de uma tumba de Argos.
Chapa metálica em relevo, segunda metade do século VIII a.C.

13. Duelo de heróis sobre o corpo de um guerreiro morto.
Hídria ática com figuras negras, *c.* 560 a.C.

14. Combate de Ájax e Heitor, enquadrados por Atena e Ártemis.
Taça ática com figuras vermelhas com a assinatura de Duris, *c.* 480 a.C.

15. Apolo, o jovem guerreiro ideal.
Estátua arcaizante encontrada
em Piombino, século I a.C.

16. Atena pronta para o combate entre duas colunas coroadas com galos (vaso dado como prêmio aos vencedores de jogos em Atenas). Ânfora ática com figuras negras atribuída a Ezequias, *c.* 540 a.C.

17. Cabeça de Zeus. Bronze de Olímpia, *c.* 490 a.C.

18. Apolo e Ártemis fazendo libações. Hídria ática com figuras vermelhas atribuída ao pintor de Berlim, *c.* 490 a.C.

5. Cidade dos deuses, cidade dos homens

Para o leitor moderno, nada é mais surpreendente, mais desconcertante, do que a presença constante de deuses e deusas na *Ilíada* e na *Odisseia*. É a uma divindade, a Musa, que o aedo solicita que conte a história da cólera de Aquiles na *Ilíada* e as aventuras que marcam o retorno de Ulisses na *Odisseia*; além disso, o poeta não cessa de fazer descer deuses e deusas à terra. Ele os faz combater na *Ilíada* em campos opostos (figura 23). Atena, Hera e Posídon estão do lado dos aqueus, que acabarão por vencer, enquanto Apolo, Ares e Afrodite são partidários decididos dos troianos. Duas deusas têm filhos entre os heróis envolvidos. Afrodite é mãe de Eneias; seduziu Anquises, primo de Príamo; além disso, deve a Páris-Alexandre ter recebido o pomo que a fez suplantar em beleza tanto Hera como Atena. Tétis é uma das Nereidas, divindades marinhas que o poeta se permite enumerar no início do canto XVIII da *Ilíada*. Mas ela goza de um estatuto muito diferente do de Afrodite. Seu filho Aquiles é legítimo.

Tétis desposou um mortal, Peleu, porque lhe foi profetizado que teria um filho mais poderoso do que seu pai. Zeus, rei dos deuses, é o pai de Sarpédon, rei dos lícios, engajado no campo troiano. Seu escanção, Ganimedes, é um príncipe troiano. A maioria dos heróis, dos "reis", descende de forma mais ou menos direta, do próprio Zeus.

Não apenas os deuses tomam partido como também se envolvem fisicamente. Afrodite e Ares são feridos, no canto V, por Diomedes, filho de Tideu; Atena está ao lado de Aquiles por ocasião do episódio decisivo do duelo com Heitor. Ela engana o herói troiano assumindo a aparência de Deífobo, irmão de Heitor. Atena apoia Ulisses e Telêmaco durante toda a *Odisseia*. De todos esses encontros, de todos esses choques entre homens e deuses, o mais espantoso é, sem dúvida, a batalha impiedosa travada contra Aquiles, no canto XXI da *Ilíada*, pelo rio Escamandro, cansado de carregar os cadáveres das vítimas do filho de Peleu. O rio tenta afogar o herói. É necessário que o próprio deus Hefesto venha ao seu socorro, com o fogo da sua forja. Com a guerra do fogo contra a água, já estamos bem próximos das cosmologias que, no século VI antes da era cristã, serão criadas pelos primeiros filósofos. Devemos acrescentar que, entre os deuses, as injúrias "homéricas" são correntes? No canto XXI, Afrodite é amavelmente chamada de "mosca de cão".

Entre os deuses e os homens, além de alianças e combates, há também amor. Ulisses tem ligações com Circe e Calipso — esta última lhe propõe a imortalidade. Ela não fica muito satisfeita quando Hermes exige que libere o homem de Ítaca e lamenta que as pobres deusas não tenham, de fato, o direito de amar um mortal.

Não tentarei definir aqui o que se costuma chamar de politeísmo helênico. Para os historiadores das religiões, Homero é uma fonte importante, ao lado de muitas outras. Não esqueçamos que Homero — ou, antes, os Homeros (na hipótese mais do que provável de que o poeta da *Odisseia* não seja o mesmo da *Ilíada*) — não é um teólogo, mas sim um aedo. Ele busca seduzir seus ouvintes. Ele o faz, por vezes, especialmente quando se trata dos deuses, com humor, sabendo muito bem que os seus ouvintes sabem quem ele é, ou seja: um narrador. Saber qual era a sua própria religião é tarefa impossível. O poeta da *Canção de Rolando* é um cristão confirmado, que divide o mundo dos homens entre os que têm a verdadeira fé e os outros, devotos de Maomé e de Apolo (*sic*), mas o poeta homérico não está ligado por nenhuma ortodoxia. Ele pode gracejar com os deuses e, para dizer a verdade, não deixa de fazê-lo.

Os deuses intervêm constantemente na narrativa. Disfarçam-se às vezes. Atena, por exemplo, aparece a Ulisses sob o disfarce de um jovem pastor. Posídon toma a forma do adivinho Calcas. Eles podem também transformar os homens. Dependendo da vontade de Atena, Ulisses pode ser um mendigo velhíssimo ou um homem forte, em plena juventude. Os homens podem aparecer como deuses aos olhos dos outros homens: Ulisses se pasma diante de Nausícaa, e vice-versa, mas isso não significa que tenham ultrapassado a fronteira.

Ultrapassar a fronteira: é o que Calipso propõe a Ulisses e ele recusa, nunca é demais insistir. O Hércules mencionado no canto XI da *Odisseia* não a ultrapassou. Em contrapartida, dois príncipes troianos se tornaram imortais: Ganimedes e

Títono, esposo da "Aurora do manto de ouro". A Aurora esqueceu de pedir para o marido a juventude eterna, e o pobre Títono, imortal, envelheceu até a decrepitude mais completa. O mito acrescenta que ele foi transformado em cigarra.

Mortalidade, imortalidade: aí está a fronteira essencial. Os deuses não têm o mesmo sangue que os homens — o deles se chama *ichór*. Não consomem nem vinho nem pão, mas sim néctar e ambrosia, termo que aliás significa "bebida da imortalidade". Deslocam-se muito mais facilmente do que os homens, contudo não são verdadeiramente onipresentes. Enquanto Posídon está entre os etíopes, os "rostos-queimados" — ou seja, os negros, que estão tanto no extremo Oriente como no extremo Ocidente —, Ulisses pode deslocar-se em segurança. No canto IV da *Ilíada*, a deusa Hera, a incômoda esposa de Zeus, leva o marido para fazer amor no cume do monte Ida. Está munida de toda a sedução obtida com Afrodite, à qual explicou que Oceano e sua esposa Tétis, lá no fim do mundo, estão evitando os prazeres do leito e que pretende reconciliá-los. Durante esse tempo, a causa dos aqueus poderá progredir, e Zeus ficará furioso por ter sido enganado por sua astuciosa esposa, que lhe recordou, gentilmente, o tempo em que se entregavam a esses prazeres em segredo, sem os pais saberem.

No canto XV, Posídon, intimado por Zeus, por intermédio de Íris, a cessar de intervir em favor dos aqueus, dá uma resposta violenta que nos esclarece a partilha dos poderes:

> Então Zeus pretende me dominar pela força, contra a minha vontade, eu que sou igual a ele? Nós somos três irmãos, gera-

> dos por Crono e concebidos por Reia: Zeus, eu e, em terceiro lugar, Hades, o monarca dos mortos. O mundo foi dividido em três: cada um teve a sua parte. Tendo tirado a sorte, consegui o direito de habitar o argênteo mar eternamente. Hades teve por quinhão a sombra brumosa, e Zeus, o vasto céu, em pleno éter, nas próprias nuvens. Para nós três a terra é um bem comum, assim como o alto Olimpo. Não pretendo viver submisso a Zeus. Que ele viva tranquilo, com toda a sua força, no seu lote, o terceiro; e que de forma alguma tente me aterrorizar como se eu fosse um vilão!

Outras passagens da *Ilíada* e da *Odisseia* não seguem nessa direção e insistem na soberania de Zeus.

De resto, há nesse texto três ideias essenciais. A primeira é a do sorteio. É ele que permite a atribuição dos lotes e, consequentemente, das funções. A segunda é a de um "domínio comum". A terra e o monte Olimpo, morada dos deuses, não estão sob a soberania de Zeus. Ele deve contar com as outras potências divinas, inclusive Posídon, que, a partir do mar, pode "agitar o solo", e também, de maneira surpreendente, Hades, senhor do reino dos mortos, aonde os homens só chegam sob a forma de sombras impalpáveis. A terceira é a expressa pelo termo "vilão". Ela implica uma noção de hierarquia. Há certamente os iguais (ou "pares"), e esse é o caso, nesse contexto, dos três filhos de Crono, mas há também os seres inferiores, radicalmente afastados da partilha, como, por exemplo, o próprio pai de Zeus, seus irmãos e sua esposa. Crono é relegado ao Tártaro, entre os "deuses de baixo". Ora, essas três ideias são constitutivas da pólis grega, e a sua presença no texto, diga-se de passagem, torna inúteis as polêmicas sobre o nascimento da pólis antes ou depois de Homero. A *Ilíada* não é concebível sem uma certa presença da pólis. A cidade dos deuses nos permite saber como se desenvolveu a cidade dos homens no período arcaico.

Expliquemos melhor. O sorteio é, em Atenas, muito tempo após a época da *Ilíada*, a instituição sobre a qual repousa a democracia. Naturalmente não se trata de uma loteria entre irmãos, mas sim de um sorteio das funções que não são técnicas (estas são atribuídas por eleição).

Domínio comum? Tal é o estatuto, por exemplo, da Acrópole e da ágora de Atenas. Os arqueólogos que escavaram a praça pública (a ágora) de Mégara Hibleia na Sicília, colônia fundada no fim do século VIII a.C., constataram que, desde o início, um espaço comum fora reservado como domínio coletivo da cidade. Finalmente, a presença do "vilão" entre os deuses nos recorda que certas pessoas são excluídas da pólis. É o caso, em Esparta, dos hilotas, categoria servil que cultiva a terra, e, em Atenas, dos metecos, estrangeiros domiciliados que não têm o direito de voto, e, mais ainda, dos escravos, propriedade dos cidadãos ou da própria cidade.

Portanto, os aqueus, que são um exército de coalizão, não constituem uma cidade no sentido clássico da palavra. Possuem, no entanto, as duas instituições essenciais: a assembleia, que reúne todos os guerreiros e é convocada por Agamêmnon desde o início da *Ilíada*, e o conselho, que reúne uma elite de guerreiros dentre os mais idosos. Nestor é sempre o primeiro a usar da palavra.

Em Troia, o Conselho dos Anciãos circunda o rei Príamo, e Heitor, numa determinada ocasião, reúne a assembleia geral dos guerreiros. Nota-se igualmente a presença, nos poemas homéricos, da noção de maioria. Na *Ilíada*, os embaixadores que vão pedir a Aquiles que retorne ao combate (canto IX) afirmam estar falando em nome da maioria dos dânaos. Inversamente, Telêmaco constata, em Ítaca, que os pretendentes são apenas uma minoria. Ele mesmo é tratado, por seus inimigos, como "orador da ágora". Alguns séculos mais tarde, seria "demagogo". Ora, essas duas instituições existem no universo dos deuses. O início do canto XX da *Ilíada* oferece um exemplo notável. Segue-se imediatamente ao espantoso episódio do discurso que o cavalo Xanto, que é imortal, faz a seu dono Aquiles, no qual prediz a morte próxima deste:

> Zeus então, do alto do escarpado Olimpo, dá ordem a Têmis [deusa que simboliza a ordem cívica] para convocar os deuses à assembleia. Ela segue, portanto, em todas as direções, divulgando o chamado que implica a ida ao palácio de Zeus. Nem um rio falta — com exceção de Oceano, nenhuma das ninfas que habitam os bosques encantadores, as ondas dos rios ou os prados herbosos. Todos vêm ao palácio de Zeus, senhor das nuvens, todos se sentam sob os refinados pórticos construídos, para Zeus pai, pelo sábio Hefesto.

Detalhe interessante: essa assembleia de deuses sucede a uma assembleia de guerreiros para a qual são convocados "até mesmo os distribuidores de pão". Portanto, Homero retrata as instituições divinas à imagem do que ele conhece das instituições humanas.

Zeus (figura 17) é, para a cidade dos deuses, simplesmente o que Agamêmnon é para o exército dos aqueus e Príamo para a cidade dos troianos? Não devemos levar esse paralelo longe demais. O certo é que o Olimpo é marcado, durante toda a *Ilíada*, pela divisão, o que se chamará mais tarde *stasis*, como já mencionei. Zeus intervém, várias vezes, para impedir os deuses de combater ou, ao contrário, para dar-lhes toda a liberdade. Quando Aquiles faz a secessão, a pedido de Tétis (sua mãe) Zeus favorece os troianos. Quando Aquiles retorna ao combate, ele inverte a sua posição. Zeus ama seu filho Sarpédon, mas, a pedido do clã pró-aqueu, deixa-o morrer. Da mesma forma, tem simpatia por Heitor, que fez muitos sacrifícios em sua homenagem, porém se inclina diante do "dia fatal" marcado para a sua morte. Em outras palavras, ele sabe que não é onipotente. Contudo, não cessa de lembrar que, sozinho, é mais forte do que todos os outros deuses reunidos e que tem condições de expulsá-los do Olimpo. Nesse sentido, é mais poderoso do que Agamêmnon entre os homens.

É muito difícil interpretar historicamente esse paralelo. Na época em que (conforme a avaliação geral) "Homero" criou a *Ilíada* e a *Odisseia*, a monarquia desaparecera da maioria das cidades gregas. Dando curso à comparação com *A canção de Rolando*, não podemos mais falar, com relação ao final do século IX ou ao começo do XII, de uma monarquia como a de Carlos Magno. A realeza se fragmentara na feudalidade e já existiam senhores mais poderosos do que o rei da França. O que não impede Carlos Magno de ser apresentado na *Canção* como um poderosíssimo soberano, em contato direto com o Deus dos cristãos.

É bem possível que os reis da *Ilíada* sejam mais uma

lembrança — fantasiada, evidentemente — do que uma realidade contemporânea. Micenas não era mais a cidade "rica em ouro" evocada por Homero; ela não passava de um pequeno burgo. O centro do mundo grego se deslocara da Europa para a Ásia. Aliás é difícil determinar o que constituía a estrutura dominante: a *pólis* propriamente dita, com os seus órgãos de deliberação e de decisão, ou o *ôikos*, isto é, o domínio territorial sobre o qual se apoiava o poder dos chefes de guerra? Uma passagem do canto XII da *Ilíada* é capital a esse respeito. Sarpédon, rei dos lícios e filho de Zeus, dirige-se ao primo Glauco:

> Glauco, por que nos dão tantos privilégios na Lícia: lugares de honra, boas carnes e taças cheias? Por que somos olhados como deuses? Por que gozamos, junto à margem do Xanto, de um imenso domínio, adequado tanto para os pomares como para os campos de trigo? Nosso dever não é, então, ocupar hoje, como se espera, o primeiro lugar entre os lícios e responder ao apelo da batalha ardente?

Quanto a Ulisses, não é a *pólis* de Ítaca que vemos no entanto funcionar no início e no fim da *Odisseia*, no momento da guerra civil e da reconciliação final, mas sim o *ôikos* (a propriedade privada) de Ulisses que é pilhado pelos pretendentes. Para vencê-los, ele não se apoia na assembleia de Ítaca; pelo contrário, apoia-se no seu filho, no seu porqueiro e no seu boieiro.

O destino da cidade dos deuses é mais complexo: de início porque é muito difícil retirar os deuses gregos da narrativa na qual o poeta os encerra; em seguida porque a evolução da religião grega, tal como podemos imaginá-la, reforça o poderio de Zeus ao invés de enfraquecê-lo. A religião grega da época arcaica e clássica conhece, ao mesmo tempo, o fracionamento (toda cidade tem os seus deuses e os seus cultos: Atena, por exemplo, é soberana em Atenas) e o pan-helenismo (o Zeus de Olímpia e o Apolo de Delfos são deuses que atraem todos os gregos). Poucos gregos tiveram (nas épocas mencionadas) a familiaridade com os deuses que caracteriza os heróis de Homero (ressalve-se, entretanto, que estamos lidando com uma obra literária). Para aproximar deuses e homens, será preciso inventar novas formas de culto, mas isso é outra história.

O paradoxo do poema homérico reside no fato de que os deuses — graças à epopeia — estão a um tempo próximos e distantes. Estão próximos porque certos heróis — nem todos — falam com eles, mas nem sempre, se assim posso dizer, com respeito e consideração. Apolo engana Aquiles e só se revela após tê-lo desviado de seu caminho. Atena tem afeição por Diomedes e Ulisses na *Ilíada*, e, no que diz respeito a este último, durante todo o transcorrer da *Odisseia*. Posídon não perdoou Príamo, filho de Laomedonte — e, portanto, a todos os troianos —, pela injustiça que sofreu por parte de seu pai. Não esteve Posídon a serviço de Laomedonte durante todo um ano? Não construiu ele as muralhas de Troia? E, no fim das contas, não acabou sendo privado do salário?

Esse exemplo ilustra bastante bem as relações complexas que existem entre os deuses do Olimpo e os príncipes troianos. Zeus recrutou entre eles o seu escanção (Ganimedes), Afrodite um amante (Anquises), Posídon um patrão, que acabei de citar (Laomedonte). Esses sinais de benevolência dos deuses para com os troianos são, na realidade, ambíguos. Não garantirão a salvação de Troia. A proximidade com os deuses é até perigosa para os troianos. No máximo, Sarpédon e Heitor se tornarão "belos mortos", e não cadáveres ultrajados como teriam desejado aqueles que os mataram.

Já disse, acerca dos deuses, que eles estavam próximos e distantes. A relação normal é, com efeito, distante. Os deuses se comunicam com os homens por meio de sonhos, os quais podem ser, às vezes, enganadores, como se vê no início do canto II da *Ilíada*, quando Zeus informa Agamêmnon, em um sonho, que chegou a hora de tomar Troia! Há também os presságios que podem ser verídicos, desde que se encontre um intérprete qualificado, como o adivinho Calcas. Homero o recorda no canto II da *Ilíada*. Em Áulis, diante dos gregos, uma serpente devorou oito pássaros juntamente com a mãe deles antes de transformar-se em pedra. Isso significa, explica o adivinho, que durante nove anos os aqueus sitiarão Troia e que tomarão a cidade no decorrer do décimo ano. Do lado troiano, é Heleno, irmão de Heitor, quem compreende o plano dos deuses e sugere que o herói (cuja hora ainda não chegou) lance um desafio aos chefes dos aqueus. Ele pode agir assim porque Aquiles ainda não retornou, e só Aquiles pode vencê-lo.

Na *Odisseia* há três adivinhos. No canto XI, no Hades, Tirésias é, entre os mortos, o equivalente de Calcas entre os vivos. Telêmaco traz consigo, na sua embarcação, Teoclímeno, o qual acompanhará Ulisses na reconquista de seu domínio. E, finalmente, Haliterses, que vive em Ítaca:

"Dentre os homens de seu tempo, ele era o melhor para adivinhar a sorte pelo voo dos pássaros". É bom lembrar que os pássaros são intermediários "naturais" porque frequentam o céu e habitam a terra, situando-se entre os deuses e os homens. Haliterses é o primeiro a anunciar aos pretendentes, no canto II, que o retorno de Ulisses é iminente e que esse retorno não pressagia nada de bom para eles.

Mas o modo normal de comunicação entre homens e deuses é o sacrifício sangrento, desde a modesta oferenda de um carneiro até a hecatombe na qual perecem cem bois cuja carne é distribuída aos participantes. Por que razão Heitor acaba recebendo as honras fúnebres? Por que Aquiles devolve o seu corpo, que os deuses haviam mantido intacto a despeito dos ultrajes infligidos ao cadáver? Os deuses deliberam sobre o destino desse morto no canto XXIV e último. Apolo e Hera desenvolvem os seus argumentos:

> Por acaso Heitor não assou, em vossa honra, alguns bons pedaços de carne de boi e cabras sem mácula?

Hera responde:

> Eis uma ideia tipicamente tua, deus cujo arco é de prata! Pretendes honrar Heitor tanto quanto honrarias Aquiles? Heitor é apenas um mortal, que mamou num seio de mulher, enquanto Aquiles é filho de uma deusa...

E Zeus finalmente decide:

> Heitor era, para os deuses, o mais caro dos mortais que nasceram em Ílion. Era caro também a mim, pois jamais se esque-

cia das oferendas que me agradam. Havia sempre banquetes no meu altar e todos partilhavam das libações e das espessas fumaradas que são o quinhão de todos nós.

Durante toda a *Odisseia*, a diferença entre o mundo selvagem e o mundo civilizado (o grego basicamente) é estabelecida pela possibilidade ou não do sacrifício. Em Pilo, Nestor é o sacrificador por excelência, dourando os cornos das vacas que oferece aos deuses. Já Polifemo, que come os homens sem cozinhá-los, faz o contrário de um sacrifício. Diante de Troia, o sacrifício humano é excepcional, mas existe. Aquiles oferece doze jovens troianos por ocasião dos funerais de Pátroclo.

Mas os deuses estão livres para aceitar ou recusar o sacrifício. A pedido de Heitor e de Helena, Hécuba oferece um véu magnífico a Atena e faz voto "de lhe imolar, no seu templo, doze vitelas de um ano, se a deusa se dignar a ter compaixão da cidade". A sacerdotisa pousa o véu "sobre os joelhos da divindade", isto é, de sua efígie, e repete o voto, "mas a resposta de Atena é: Não". Essa recusa é um anúncio de desastre para os troianos. Nesse particular os deuses não podem ser coagidos.

6. Homens e mulheres, jovens e velhos

A cidade grega era um "clube de homens", o que quer dizer que as mulheres estavam excluídas. Na democrática Atenas, elas não tinham, evidentemente, o direito de voto. Entretanto, a partir de 451, para ser ateniense era preciso nascer de mulher ateniense. Esse modelo, no entanto, não era único. Em Esparta, as moças, sem que guerreassem, eram educadas como rapazes e mostravam as coxas, o que chocava muito os atenienses. O imaginário grego, contudo, criou mulheres guerreiras, iguais aos homens e até superiores: as Amazonas. Por duas vezes elas aparecem na *Ilíada*: Príamo se recorda, no canto III, de tê-las combatido na sua distante juventude, e Glauco explica a Diomedes, no canto VI, que seu ancestral Belerofonte as exterminou em massa. Nos poemas que darão sequência à *Ilíada*, o destino de uma amazona, Pentesileia, é relatado: depois de matá-la, Aquiles se enamora dela. Os pintores e os escultores gregos representaram inúmeras vezes o duelo entre Aquiles e Pentesileia (figura 25). Alguns autores modernos foram bastante ingênuos para acreditar que esse "povo de mulheres" realmente existiu, e certas feministas adotaram-nas como precursoras, o que é uma nova prova da influência do imaginário grego em nosso pensamento.

As mulheres são pouco numerosas na *Ilíada*, ainda que a guerra tenha sido desencadeada pelo rapto de Helena e de seus tesouros e que possa ser interrompida a qualquer momento se os troianos decidirem devolver a jovem grega. Outro indício interessante: a *Ilíada* começa com o confronto entre Aquiles e Agamêmnon a respeito de Criseida e Briseida.

Era desejo de Agamêmnon que a primeira envelhecesse no seu palácio, como criada e também como concubina. Forçado a devolvê-la a seu pai, ele confisca a cativa de Aquiles, Briseida, "de belas faces", mas revela, no canto IX, que "não se uniu a ela como é normal que aconteça entre homens e mulheres". Criseida e Briseida são presas de guerra como, de resto, a maioria dos escravos. Convém repetir: não há, no campo aqueu, uma única esposa legítima. Recebi, um dia, a visita de uma jovem professora universitária que desejava estudar a demografia homérica. Fui forçado a lhe informar que, em dez anos de sítio, Homero não menciona um único nascimento no campo aqueu. Outros poetas épicos e, sobretudo, os trágicos corrigirão essa lacuna. Darão a Ájax um filho da cativa Tecmessa. Mas isso não é o suficiente para justificar um estudo demográfico!

Do lado troiano, Hécuba é uma rainha idosa. Em vão ela suplica, no canto XXII, que Heitor não enfrente Aquiles e que busque refúgio no interior das muralhas. Cassandra, filha de Hécuba e de Príamo, é semelhante à "áurea Afrodite". O canto XI da *Odisseia*, o qual se passa no Hades, o país dos mortos, nos revelará como foi o seu fim: ela foi morta por Clitemnestra junto ao corpo de Agamêmnon, que a trouxera para casa como presa de guerra. Ésquilo, no seu *Agamêmnon*, fará uma evocação notável desse crime. A Cassandra de Ésquilo e de muitos outros autores é uma profetisa na qual ninguém crê. Ela recebeu esse dom ingrato de Apolo, a quem não quis ceder. Na *Ilíada*, ela não é uma adivinha, mas está próxima de ser uma vidente. Empoleirada no alto da cidadela de Troia, Pérgamo, é a única a reconhecer seu pai em pé no carro que traz de volta o corpo de Heitor. Faz um chamado retumbante aos homens e mulheres de Troia para que venham integrar o cortejo daquele "belo morto". Visão e voz: podemos nos perguntar se a Cassandra profética não é um desenvolvimento dessa dupla notação da *Ilíada*.

Dessa multidão de troianas, Andrômaca é, com exceção de Hécuba, a única a ser identificada pelo poeta da *Ilíada* como esposa e mãe. Seu nome reúne o homem (*anér*; no genitivo: *andrós*) e o combate (*máche*). Filha de Eécion, rei de Tebas na Cilícia, ela perdeu o pai e os sete irmãos, todos mortos por Aquiles. Este, no entanto, respeitou o cadáver de Eécion e nem mesmo lhe retirou as armas, como revela a sua filha no canto VI. Impossível não ligar o seu nome ao que se pode chamar de supermasculinidade do seu círculo. Tanto mais que Homero nos dá um exemplo inverso: Dólon — o astuto —, o espião pouco glorioso e pouco respeitado que se disfarça de lobo no canto X:

> É filho único, ao lado de cinco irmãs.

Há certa masculinidade em Andrômaca, assim como há certa feminilidade em Dólon.

Mas a mulher mais célebre da *Ilíada* é Helena (figura 27). No poema, ela não gera filhos com Páris, porém tem uma filha cujo nome não é citado. É apenas na *Odisseia* que conheceremos sua filha única, Hermíone, que Racine, depois de Eurípides, transforma em personagem terrível. Helena é, na *Ilíada*, exatamente o que serão várias mulheres na *Odisseia*: uma intermediária entre dois mundos. No canto III, durante a trégua que precede o duelo entre Páris e Menelau, Helena, convocada por Íris, a mensageira de Zeus, aparece sobre as muralhas, onde se reúne o Conselho dos Anciãos, composto de Príamo e mais sete homens idosos, "cigarras que, na árvore de um bosque, fazem ouvir a sua voz agradável". Em vão Helena se cobre com um longo véu; mesmo assim ela impressiona os velhos:

> Não, não é possível censurar os troianos nem os aqueus de boas grevas se, por tal mulher, sofrem tão longos males. Ela tem mesmo a aparência, quando a vemos de perto, das deusas imortais... Mas, apesar de tudo, mesmo sendo assim, que ela embarque, que ela parta! Não a deixem aqui como um flagelo para nós e, mais tarde, para nossos filhos!

Um poeta que citei no primeiro capítulo deste livro, aquele mesmo que queria "ler em três dias a *Ilíada* de Homero", Pierre de Ronsard, adaptou maravilhosamente esses versos; estava enamorado então de uma outra Helena:

> Não é de espantar, diziam esses bons velhinhos
> No alto do muro troiano, ao verem passar Helena,

Que por tal beldade soframos tanta pena.
Nosso mal não vale um só dos seus olhares.
Todavia é melhor, para não irritar mais a Ares,
Devolvê-la a seu esposo...

Ronsard — suspeitamos — é de opinião diferente.

Na data em que nos encontramos, no tempo dos poemas homéricos, a beleza que penetrará no coração da civilização grega, que se revelará na poesia de Safo, nos vasos de Ezequias e nas esculturas de Fídias, expressa-se por meio de um personagem sedutor e perigoso como Helena. Mas esse assunto não termina aí, pois Príamo solicita que Helena nomeie, em ordem hierárquica, os chefes aqueus que podem ser vistos do alto das muralhas: Agamêmnon; Ulisses, o qual, um pouco menor, é comparado a um carneiro resistente; Ájax, filho de Telamônio e Idomeneu, rei de Creta. Ela omite, no entanto, Menelau, o marido enganado, e assinala que, da Lacedemônia (Esparta), deveriam ter vindo os seus irmãos: Castor e Pólux. Helena é a própria beleza, mas se comporta vulgarmente... Para muitas gerações, antigas e modernas, ela encarna, assim, nas suas contradições, "o eterno feminino".

No mundo da *Odisseia*, a presença das mulheres é quase o oposto do que se pode encontrar na *Ilíada*. Já em 1713, o inglês Richard Bentley, um dos fundadores da filologia moderna, havia sugerido que a *Odisseia* fora composta para um público feminino. Um escritor inglês da época vitoriana, Samuel Butler, chegará a propor a ideia de que a *Odisseia* foi escrita por uma mulher, e que essa mulher não pode ser outra senão Nausícaa, cujo nome pode ser traduzido como "A Barqueira", pseudônimo que ocultaria uma princesa grega da Sicília. Como esquecer, com efeito, sem adotar esta última hipótese um tanto desvairada, que o objetivo da viagem de Ulisses é reencontrar Penélope, a mulher fiel, aquela que enganou durante quatro anos os pretendentes, tecendo de dia uma manta que desfazia à noite? Como esquecer as figuras que sempre estendem a mão a Ulisses, socorrendo-o: Ino-Leucótea, mortal transformada em deusa que, durante a tempestade descrita no canto V, entrega a Ulisses o véu mágico que lhe permitirá desembarcar na Feácia? E Nausícaa, lavando a roupa que lhe confiou o seu papai (o termo está no texto grego) e que descobre Ulisses nu; Nausícaa, que pensa em casamento e que explica a Ulisses que, para ganhar a confiança do rei Alcínoo, é melhor conquistar primeiro a confiança de sua esposa, a rainha Areté... E, por acaso, não é a velha ama de Ulisses quem o identifica, no seu próprio palácio, pela cicatriz que ele tem acima do joelho (figura 36)? E não há, finalmente, no Hades, uma longa digressão sobre as mulheres célebres que Ulisses encontrou nesse lugar subterrâneo, além da sua própria mãe?

Na verdade, as coisas são mais complexas. O autor da *Odisseia* não é certamente uma mulher, e seria um anacronismo singular fazer dele um feminista, no sentido moderno da palavra. No entanto, Ulisses é comparado, no canto VIII, a uma

> mulher [que] chora o seu esposo, abraçando-o,
> após vê-lo tombar diante da cidade e de seu povo,
> defendendo a pátria e os filhos do dia fatal...
> Da mesma forma, Ulisses derramava lágrimas de piedade.

Imagem extraordinária, de qualquer forma; um dos momentos mais elevados da poesia homérica, já que Ulisses, o "herói da persistência", é comparado implicitamente a Andrômaca.

Tudo se passa, na *Odisseia*, como se o mundo feminino fosse duplo: acolhedor e perigoso. As sereias são cantoras destrutivas. Caríbdis e Cila, monstros femininos, destroem ou devoram os que se aproximam demais. Guardamos, até hoje, a expressão proverbial: "Cair entre Cila e Caríbdis". Num certo país imaginário, Ulisses e seus companheiros são acolhidos por uma jovem que tirava água da fonte — um pouco como Nausícaa, que lavava a sua roupa —, mas essa jovem encantadora, que mostra o caminho do palácio do seu pai, é a filha do rei dos lestrígones, os pescadores canibais dos quais tratei no capítulo 2. Em Ítaca, as servas fiéis se defrontam com as servas infiéis, que são, como já expliquei, cruelmente castigadas.

Mas será que se trata de uma oposição banal entre o bem e o mal? Na verdade, essa oposição existe, e de maneira exemplar. Durante quase toda a narrativa, desde o início do poema, Penélope é diferenciada da mulher adúltera, aquela que tomou um amante na ausência do marido e que, quando do retorno deste último, faz com que seja assassinado: Clitemnestra, a esposa maldita de Agamêmnon. Zeus evoca a sua história no início do poema para isentar os deuses de toda responsabilidade nesse crime, e o próprio Agamêmnon, no Hades, faz o relato desse drama para Ulisses, que não conhecia o seu fim. Ele foi morto "como se mata um boi no matadouro", isto é, como um animal de açougue:

Assim foi a minha lamentável morte;
e os meus foram abatidos junto a mim,
como porcos de alvas presas,
na casa de homem rico e poderoso
para as bodas, um encontro ou um festim.

Agamêmnon termina comparando essa morte particularmente abjeta — imposta por Egisto (um efeminado, segundo toda a tradição posterior) e auxiliada diretamente por Clitemnestra — com a morte em combate, a única digna do guerreiro que ele havia sido. Da mesma forma, há servas fiéis, como a ama de Ulisses, e também infiéis. Assim, a criada que havia sido encarregada de tomar conta de Eumeu rapta o "divino porqueiro" porque fora seduzida por um marinheiro fenício. A culpada, entretanto, não tiraria proveito do seu crime por muito tempo. Morreu durante a viagem e "foi jogada ao mar para alimentar os peixes".

Examinemos agora as três mulheres singulares encontradas por Telêmaco e Ulisses. Helena permaneceu "semelhante à áurea deusa Ártemis", a despeito de terem se passado uns vinte anos desde o seu rapto por Páris. Essa permanência da beleza fará sorrir muitos espíritos racionalistas, como, por exemplo, o caricaturista Honoré Daumier, que a representará como uma horrenda megera (figura 26). Mas, no canto IV da *Odisseia*, Helena se transforma numa maga benéfica que dispõe de uma droga poderosa, trazida do Egito,

uma droga que adormece toda ira e toda pena;
quem quer que a tomasse, misturada ao vinho da cratera,*

* Vaso no qual se misturava o vinho dos banquetes.

não derramava uma lágrima na jornada,
mesmo que perdesse o pai e a mãe,
mesmo que tivesse visto, diante dos próprios olhos,
seu irmão ou o filho amado sucumbir pela espada!

Homero ainda esclarece que esse é só um exemplo, entre outros, dos "astutos encantos" de que dispõe a rainha maga. Esse exemplo basta e já faz de Helena um personagem semelhante aos lotófagos, aqueles que adormecem os companheiros de Ulisses e os privam de memória.

Há ainda as duas "terríveis deusas com voz humana": Circe e a "inteiramente divina" Calipso. Ambas oferecem o leito a Ulisses; Circe, provisoriamente, e Calipso, a "ocultadora", com vontade de fazer dele seu esposo e conceder-lhe a imortalidade. Circe se encontra cercada de animais selvagens que foram outrora homens e decide transformar em porcos os companheiros de Ulisses, e é em porco que ela o teria transformado se o deus Hermes não houvesse munido o herói de um antídoto, a famosa planta *móly*, de raízes negras e flores brancas. De feiticeira ela se torna amante e até mesmo guia, já que ajuda Ulisses a encontrar o seu caminho de retorno. Decididamente, ambiguidade do estatuto feminino na *Odisseia*.

Encontramos uma ambiguidade comparável na evocação dos ritos da adolescência. Na Atenas clássica, os jovens levavam dois anos para ultrapassar a etapa que os conduzia à plena cidadania. Chamavam-nos então de efebos. Ora, desses ritos de adolescência dos rapazes nós não temos, com relação à época arcaica, nenhum conhecimento direto. Somos obrigados a passar pelas formas literárias ou artísticas e, para começar, naturalmente, pelos poemas homéricos. Mas sempre é conveniente lembrar que esses poemas não são manuais e que falam por alusão daquilo que todos conheciam por experiência. Todo rito de passagem supõe duas alternativas: o sucesso ou o fracasso. Passar da infância para a idade adulta supõe uma transição que os ritos têm por função, justamente, dramatizar. Um dos modos favoritos da dramatização é a inversão: a passagem por um mundo feminino e selvagem. É na medida em que o jovem soube afrontar o mundo selvagem que ele é digno de ser integrado à sociedade dos adultos civilizados. Mas ele pode falhar na sua iniciação e perder-se "na selva". Muito frequentemente, nos textos gregos, uma certa forma de caça (ou de guerra) marca a passagem para a idade adulta.

O único personagem que vemos entrar na idade adulta durante o tempo da narrativa é Telêmaco, cujo nome significa "aquele que combate de longe", o que sugere mais um arqueiro do que um combatente que enfrenta o inimigo cara a cara. Telêmaco tem agora uns vinte anos, pois era bebê quando seu pai deixou Ítaca. Os pretendentes têm a tendência de tratá-lo como um garoto, mas ele rebate já no canto II:

> Não vos basta ter-me outrora consumido
> tantas riquezas, quando eu era ainda criança?
> Mas, hoje que sou um homem, que ouço
> o que se diz à minha volta, que minh'alma evoluiu,
> tentarei lançar sobre vós toda a má sorte.

Vinte anos! É precisamente com essa idade que o jovem

ateniense da época clássica se tornava membro da assembleia. Ora, não apenas Telêmaco afirma a sua identidade de adulto como também restabelece a *pólis*, ao convocar, pela primeira vez, a assembleia e o conselho. Comparece numa vestimenta curiosa, com uma lança — alguns traduzem: um chuço — de bronze e, sobretudo, acompanhado por dois cães. É mais um traje de jovem caçador do que de cidadão. Senta-se na poltrona, o trono de Ulisses, marcando assim o seu direito à herança. Mas, segundo a regra clássica, o decano da assembleia, "um herói curvado pela idade e com muita experiência", toma a palavra primeiro e faz o leitor saber que "desde que o divino Ulisses partiu, à frente dos seus côncavos navios, nunca mais tivemos nem conselho nem assembleia".

É a viagem de Telêmaco, começada e terminada com um ardil, uma fuga e um retorno clandestino, que marca a sua façanha de efebo. Seu primeiro combate se dará na companhia do pai, na batalha contra os pretendentes. Quando se trata, no canto XXI, de retesar o arco de Ulisses, Telêmaco é o único que, à exceção do dono, tinha condições de realizar essa proeza. Seu pai, no entanto, o impede de prosseguir na tentativa. No final da *Odisseia*, quando três gerações são postas lado a lado, representadas por Laertes, Ulisses e Telêmaco, este último já é um adulto completo.

O segundo exemplo de uma iniciação bem-sucedida é retrospectivo, pois é narrado pelo velho Nestor, no canto XI da *Ilíada*. Sua primeira guerra se desenrolou à noite, por ocasião de uma querela em torno de um rebanho de vacas, durante a qual o então jovem Nestor enfrentou camponeses e não guerreiros. Ele mata um dos seus inimigos e tem o cuidado de registrar a reação de seu pai, Neleu, de quem era o único filho sobrevivente:

> E o coração de Neleu encheu-se de alegria com o sucesso que eu tivera, eu que partira tão jovem para a guerra.

Mas essa guerra juvenil é mesmo *a* guerra? Não, já que inimigos verdadeiros, não camponeses mas sim guerreiros munidos de cavalos e de carros, aparecem diante de Pilo. Nestor quer lutar, mas seu pai o impede e "esconde os cavalos".

> Eu ignorava tudo ainda, dizia ele, da arte da guerra.

A guerra noturna, contra os camponeses, não era, portanto, *a* guerra. Essa nova guerra, Nestor a fará, entretanto, clandestinamente e, de início, como infante. É uma guerra inteiramente diurna e, por isso, perfeitamente regular. Nestor já é um adulto. E o ancião pode concluir, com uma ponta de humor homérico:

> Eis o que eu era, outrora, entre os homens — se esse passado algum dia foi verdade.

O meu terceiro e último exemplo de iniciação bem-sucedida também é retrospectivo e se refere a Ulisses em pessoa. Estamos no canto XIX da *Odisseia*, e a velha ama Euricleia, ao lavar os pés de Ulisses, reconhece a cicatriz que ele tem acima do joelho e identifica assim a sua antiga cria. O poeta relata então, de forma um tanto longa aos olhos de alguns (não aos meus), como Ulisses foi ferido. Ele vivia na casa de seu avô materno Autólico, "mestre em furtos e em perjúrios", e que havia escolhido o nome de Ulisses: Odysseus, "O Irado".

Próximo da idade adulta, Ulisses está caçando, de dia, no Parnasso, com os seus tios maternos, detalhe que indica a idade dos caçadores (figura 10). Aparece um javali, que é logo abatido por Ulisses. Mas antes de morrer o animal se antecipou e conseguiu feri-lo bem acima do joelho. Seus tios maternos cuidam dele "e detêm o sangue escuro por meio de um encanto". Ulisses pôde então retornar a Ítaca, e é essa ferida que, muitos anos depois, a velha Euricleia vem a reconhecer. Caça e retorno ao país: eis aí os sinais seguros de uma narrativa iniciática.

Um dos heróis da *Ilíada*, contudo, não conseguiu sair totalmente da adolescência. Trata-se de Páris-Alexandre, irmão de Heitor e amante de Helena, que Páris raptara na Lacedemônia. É provável que a lenda de Páris não estivesse inteiramente formada por ocasião da composição da *Ilíada*. Do seu passado, Homero só evoca rapidamente o julgamento envolvendo as três deusas. Saberemos, mais tarde, que Páris veio ao mundo com presságios de destruição para Troia, que foi exposto no monte Ida, assim como Édipo no Citéron, que foi recolhido e que regressou à família após ganhar um concurso juvenil.

Contentemo-nos, todavia, com o que diz Homero no canto III da *Ilíada*. Páris é um homem duplo. Ele tem um nome duplo: Páris-Alexandre; o único outro caso é o bebê de Heitor e Andrômaca: Escamandro para os seus pais, Astíanax ("O Rei da Cidade") para os troianos. Como é descrito Páris quando os dois exércitos se defrontam no início do canto III?

> Do lado troiano, um campeão se apresenta: Alexandre, semelhante aos deuses. Tem uma pele de pantera sobre os ombros, um arco encurvado, uma espada, e maneja duas lanças com pontas de bronze.

É o retrato de um homem dividido: a pele de pantera o remete ao mundo selvagem. Ele é, ao mesmo tempo, um arqueiro — função que manterá — e um combatente clássico. Até as lanças são duplas. Quando vê Menelau, Páris conduz-se como um covarde:

> Como um homem que vê uma serpente num desfiladeiro, recua rapidamente e se afasta, tomado por um calafrio, e bate em retirada, enquanto a palidez invade suas faces...

Heitor se irrita com esse recuo e insulta o irmão, mostrando que ele não atingiu a idade adulta:

> Ah, Páris do infortúnio! Ah, sedutor vaidoso e subornador! Por que nasceste? Por que não morreste antes de conhecer mulher? Eu teria preferido assim! Seria melhor do que te ver hoje desprezado e objeto de vergonha de todos!

Páris tenta reagir e se propõe enfrentar Menelau. Mas o duelo, graças (?) a Afrodite, mudará de repente, e o belo Alexandre se verá transportado para o leito de Helena. Em várias ocasiões, ele reaparecerá no combate. Heitor, moribundo, sabe que Aquiles será morto pela flecha de Páris. Portanto, ele continuou sendo um arqueiro, o que faz dele mais um homem da astúcia do que da guerra. Páris, personagem meio feminino, belo demais para um rapaz — seus cabelos e sua beleza são "dádivas encantadoras da áurea Afrodite" —, é um efebo incompleto.

7. O rei, o mendigo e o artesão

Mas por pouco que os planetas ousem
perder-se em condenável confusão, então,
quantos flagelos! Quantas monstruosidades! Quantas
[sedições!
Quantos furores agitam o mar! Quantos terremotos!
Que comoções dos ventos!
As catástrofes, as mudanças, os horrores
destroem e rompem, arrancam e desarraigam,
[completamente,
da posição fixa onde se encontram,
a unidade e a calma harmoniosa dos Estados!
Oh! quando a hierarquia é abalada,
ela que serve de escada para todos os altos propósitos,
vê-se padecer o empreendimento humano. Como as
[comunidades,
os graus nas escolas, as fraternidades nas cidades,
o tráfico pacífico entre as longitudes,

os direitos de primogenitura e de nascença,
as prerrogativas da idade, as coroas, os cetros, os lauréis
conservariam seus títulos autênticos sem a hierarquia?
Suprimi a hierarquia, desafinai somente esta corda
e escutai que dissonância! Todos os seres se chocam
numa luta aberta.

Qual dos dois Ulisses fala assim? O da *Ilíada* ou o da *Odisseia*? O vocabulário (com o emprego do termo "longitude") e o estilo dão a resposta: trata-se do Ulisses de Shakespeare (1564-1616), numa peça intitulada *Troilo* e *Cressida*.* Agamêmnon, Príamo, Heitor, Menelau, Tersites e Pátroclo figuram entre os personagens dessa tragicomédia, escrita provavelmente bem no início do século XVII. Costuma-se ver, nessa longa tirada sobre a hierarquia, uma espécie de elogio fúnebre da sociedade medieval à qual o Renascimento e a organização do absolutismo tinham dado um golpe fatal. Mas não é nesse plano que ela me interessa. Shakespeare lera uma tradução inglesa da *Ilíada*, *a efeméride da guerra de Troia*, do pseudo-Díctis de Creta, e *A história da destruição de Troia*, do pretenso Dares, o Frígio, autores da época imperial romana. É nesses textos, e não na *Ilíada*, que aparece o personagem de Troilo, filho de Príamo.

Quando pensamos na hierarquia, nós lhe costumamos opor a noção de igualdade, que, juntamente com a liberdade, figura na *Declaração dos direitos do homem* de 1789. A ideia de igualdade não era desconhecida no mundo grego, que inventou a democracia, mas essa igualdade foi sempre reservada,

* A tradução é de Oscar Mendes; W. Shakespeare, *Obra completa*, Rio de Janeiro, Nova Aguilar, 1988, vol. 1, p. 77. (N. T.)

mesmo em Atenas, apenas aos cidadãos do sexo masculino, isto é, a uma minoria. Nesse particular a nossa civilização já mudou muito, apesar de ainda existir grande número de excluídos nas sociedades contemporâneas.

O que havia pressentido Shakespeare é confirmado pela análise de um grande historiador anglo-americano, Moses Finley:

> Uma profunda clivagem horizontal, escreveu ele, estratificava o mundo dos poemas homéricos. Acima, os *áristoi*, literalmente "os melhores" [em português dizemos os aristocratas], uma nobreza hereditária que possuía a maior parte das riquezas e todo o poder, tanto na paz quanto na guerra. Abaixo estavam todos os outros, a multidão que nenhum termo técnico definia coletivamente. O fosso que separava os dois estatutos raramente era ultrapassado, a não ser como consequência de acidentes devidos à guerra e às rapinas.

É preciso acrescentar ainda que os poemas homéricos nos dão mais exemplos de quedas do que de ascensão social. Assim, por exemplo, Eumeu, o porqueiro de Ítaca, foi filho de rei, antes de ser comprado por Laertes, e o pretenso cretense, por trás de cuja máscara se esconde Ulisses, era filho de um homem rico e de uma concubina, tendo conhecido sucessivamente a riqueza e a miséria.

Retornemos agora à *Ilíada*, ao canto I. "Um rei sempre está em vantagem quando enfrenta um plebeu", esclarece o adivinho Calcas, especialista das relações entre os deuses e os homens. Ele solicita a proteção eventual de Aquiles caso viesse a ser necessária a convocação do rei dos reis, Agamêmnon. No que concerne à classe dominante, no alto da escala, sem dúvida alguma, estão aqueles a que Homero chama de "reis nascidos de Zeus". Todos têm uma genealogia e, com muita frequência, ela remonta a um deus e, portanto, mais ou menos diretamente, a Zeus, que, ele mesmo, é pai de numerosos deuses e deusas. Até mesmo o ciclope Polifemo é filho de Posídon, "o agitador do solo".

Os reis, tanto Agamêmnon como Ulisses, possuem uma arma simbólica, o cetro, que tem sua própria genealogia. Quando Agamêmnon se levanta, no canto II da *Ilíada*,

> está segurando o cetro outrora trabalhado pelo esforço de Hefesto. Este o entregou ao soberano Zeus, filho de Crono. Zeus então o confiou ao mensageiro deslumbrante. Hermes passou-o a Pélope, o cavalariço. Pélope, por sua vez, transferiu-o a Atreu, o pastor de homens. Ao morrer, Atreu deixou-o para Tiestes, rico em rebanhos. E Tiestes, finalmente, o pôs nas mãos de Agamêmnon, escolhido para reinar sobre inúmeras ilhas e toda a Argólida.

Essa transmissão do símbolo do poder, que inclui tanto quem fabricou o objeto como os personagens, deuses ou homens, que reinaram com ele, é evidentemente excepcional.

Quando Agamêmnon se dirige ao exército, ele fala de seus "parentes, os heróis dânaos, os servidores de Ares". Mas Homero chega a se referir aos simples soldados? Certamente que não, e ele se explica no canto II:

> Da multidão não consigo falar, não consigo dar nomes, mesmo que tivesse dez línguas, dez bocas, uma voz que nada

altera, um coração de bronze no meu peito, a não ser que as filhas de Zeus, detentor da égide, as Musas do Olimpo, comecem a nomear, elas mesmas, todos aqueles que vieram para Ílion.

A única exceção é um homem cuja caricatura eu já lhes apresentei no capítulo 3: Tersites — o nome do seu pai não é citado, o que é um sinal característico. O poeta quis salvar do esquecimento o soldado raso Tersites? Ele é antes o eco, desfavorável, da existência, diante dos *áristoi*, de classes sociais menos gloriosas. Um dos poetas do ciclo, o autor da *Etiópida*, poema centrado nos personagens de Mêmnon, filho da Aurora, e de Pentesileia, a rainha das Amazonas, imaginará a morte de Tersites, abatido por Aquiles com um único soco.

O sociólogo francês Marcel Mauss escreveu, no início do século XX, um ensaio famoso sobre "O dom, forma primitiva da troca". Não faltam exemplos de presentes recíprocos nos poemas homéricos. Já lhes falei da troca desigual entre Diomedes e Glauco no canto VI da *Ilíada*; no canto VII, Heitor oferece a Ájax uma espada e recebe dele um boldrié. Os poetas trágicos farão dessa troca um uso sinistro. Com a espada de Heitor, Ájax se suicidará e, com o boldrié de Ájax, Heitor será arrastado, por Aquiles, em torno de Troia. Trata-se aí de uma troca entre inimigos. No canto XXIV da *Odisseia*, Ulisses, passando-se por um forasteiro, vai ver seu pai, Laertes; o filho o encontra todo sujo no jardim e lhe diz que um dia recebera Ulisses como hóspede e que lhe dera suntuosos presentes, análogos aos que Agamêmnon oferece, no canto IX da *Ilíada*, a Aquiles: ouro, prata, vestes e mulheres "peritas em trabalhos perfeitos". Laertes lhe responde com estas palavras:

> Infelizmente desperdiçaste os presentes:
> se o tivesses encontrado vivo aqui em Ítaca,
> ele não teria deixado que partisses sem cobrir-te de dons...
> pois é justiça devolver a quem dá.

Essas doações são feitas no interior da categoria dos *áristoi*. Ulisses, por exemplo, recebeu valiosos presentes dos feaces, os quais não pôde retribuir, pois havia chegado à ilha inteiramente nu. No entanto, esses *áristoi*, doadores e recebedores de objetos de luxo, não constituem, no imaginário homérico, uma classe segura de seus direitos e de seus valores. O que pode ser afirmado no contexto da *Ilíada* certamente não vale para a *Odisseia*. Por acaso Ulisses não faz aliança com um porqueiro e um boieiro contra uma "elite" formada por rapinantes que ele pretende exterminar?

Além disso, nessa sociedade em parte imaginária, os bens não circulam só por troca de presentes. O comércio existe: na *Ilíada*, a ilha de Lemnos exporta vinho para consumo dos guerreiros aqueus e é também um lugar onde se vendem e se compram escravos, especialmente prisioneiros de guerra. Foi lá que Licáon, filho de Príamo, foi vendido e, para desgraça sua, resgatado pelos parentes. Na *Odisseia*, os especialistas do comércio aparecem: os fenícios e também os "táfios", habitantes de um lugar inteiramente desconhecido. Por acaso os comerciantes são tratados com consideração? Certamente que não. O paradoxo fica patente na ilha dos feaces, onde só os aristocratas falam. Estes têm nomes evocatórios que os colocam na categoria dos armadores ou dos especialistas da navegação. Em contrapartida, as alusões aos comerciantes são quase obscenas. Assim, por exemplo, Euríalo ("O homem do alto-mar"), no canto VIII, ignorando ainda a identidade real de Ulisses, diz-lhe o seguinte:

> Decididamente, estrangeiro, tu não tens nada daquele
> que se destaca em qualquer um dos numerosos esportes dos [homens,
> mas, pelo contrário, viajando no seu navio de cem toletes,
> tens tudo de um senhor de uma tripulação de comerciantes;
> preocupa-se com a carga, vigia a mercadoria,
> as riquezas roubadas; de um atleta tu não tens nada!

Nem é preciso dizer que Euríalo pedirá, mais tarde, desculpas a Ulisses.

Quando Ulisses e seus companheiros chegam à terra do ciclope Polifemo, este lhes pergunta se eles são mercadores ou piratas, não tendo então a palavra "pirata" nenhuma conotação pejorativa, prova evidente de que, nas representações dos poetas homéricos, a atividade comerciante era perfeitamente "natural", assim como a pirataria. Dito isso, uma outra pergunta: com que valores se avaliavam os bens que circulavam? A moeda não existia. Ela só aparecerá no início do século VI antes da era cristã. Ora, nesse momento, as peças trarão, com frequência, a representação de tripés e caldeirões, valores sempre presentes nos poemas homéricos, assim como as mulheres, as vacas e as barras de ouro. Tudo isso está incluído na oferta que Agamêmnon faz a Aquiles para que este retome o seu lugar no combate.

Entre esse gado, esses escravos, esses objetos e o culto dos deuses existe uma relação que merece atenção. Tripés e caldeirões fazem parte dos objetos consagrados nos templos da Grécia arcaica, e os bois e as vacas são sacrificados aos deuses, antes que a sua carne seja repartida entre os homens e a fumaça se eleve para deliciar os deuses. Se os escravos capturados durante as incursões ou os prisioneiros de guerra fazem parte da riqueza dos reis e dos nobres, devemos concluir que a riqueza é constituída essencialmente por esses bens "móveis" e que a sociedade imaginada a partir do real pelos poetas homéricos repousa sobre a oposição entre homens livres e escravos? Na verdade, as coisas são um pouco mais complexas. Antes de tudo, porque o imaginário poético, épico ou romanesco, por mais próximo que se queira do "real", nunca o recobre por completo. Balzac passa, no século XIX, por um escritor realista por excelência e, nesse particular, despertava a admiração até de Karl Marx, a despeito de suas opiniões políticas "legitimistas". Ora, ele escreve no momento em que se constitui o proletariado operário e, no entanto, os proletários estão ausentes de sua obra.

Não há muita dúvida de que a propriedade territorial, direta ou indireta, fosse o fundamento da riqueza na época em que Homero recitava os seus poemas. Mas ele pouco se refere a ela, preferindo evocar os rebanhos, e não os campos. Eis aí, sem dúvida, um eco do real, na medida em que o conflito entre os criadores e os agricultores tem sido, há muito tempo, quase até os nossos dias, um dos traços dominantes da economia mediterrânea. A criação de animais exige espaços muito mais vastos do que a agricultura ou a jardinagem.

Antes de ser proprietário territorial, Agamêmnon é um "pastor de homens", e os troianos são "domadores de cavalos". Mas o mundo dos campos também é evocado por Homero. Está mesmo bem presente nas comparações em que aparecem leões e javalis ameaçando camponeses, símbolo talvez das razias a que se entregavam, no mundo real, os nobres guerreiros de Homero.

No canto XI da *Ilíada*, lemos esta magnífica imagem:

> Assim como os ceifeiros que, frente a frente, caminham seguindo a sua linha através do campo de trigo ou de cevada de um felizardo deste mundo e fazem cair abundantes gavelas, assim troianos e aqueus, lançando-se uns sobre os outros, procuram se massacrar, sem que nenhum dos dois partidos até mesmo cogite a derrota hedionda.

Alguns versos depois e é o mundo da floresta que faz a sua repentina aparição:

> Mas chega a hora em que o lenhador pensa em preparar sua refeição no desfiladeiro. Seus braços estão cansados de cortar os altos fustes: a lassidão entra em seu coração, e o desejo de provar o delicioso alimento se apodera dele inteiramente.

Eu disse, no capítulo 2 deste livro, que a "terra que dá o trigo" é o indício seguro da presença dos homens. É a ela que Ulisses se entrega quando retorna a Ítaca. O ciclope, esse criador de carneiros, não é verdadeiramente um homem, mesmo que faça queijo e produza um vinho que não passa de uma medíocre zurrapa. Mas são raras as referências ao mundo agrícola. Na lista dos bens oferecidos (no canto IX) por Agamêmnon a Aquiles, há sete aldeias que contêm, entre outras coisas, "pastagens", "férteis pradarias" e um vinhedo. "Ali habitam homens ricos em carneiros e ricos em bois, que te honrarão com oferendas como a um deus e que, vivendo sob o teu cetro, pagar-te-ão impostos proveitosos." Contudo, não se faz menção a uma terra que produza trigo.

A situação é um pouco diferente na *Odisseia*. No canto IV, Telêmaco opõe a riqueza agrícola de Esparta à pobreza de Ítaca, onde não se podem criar cavalos, apenas cabras. Diz a Menelau: "Tu reinas sobre imensas planícies onde crescem com facilidade o trevo, a junça, a espelta e a cevada branca". Podemos concluir que já ocorreu a transição do mundo dos pastores para o dos cultivadores? Melhor ainda: há, na *Odisseia*, duas descrições de jardins, lugares onde a terra é trabalhada com arte. O jardim dos feaces, no canto VII, é um jardim mágico: a uva boa para a vindima vizinha com a vinha em flor, "todo o ano os arbustos produzem e, sem descanso, um doce zéfiro faz germinar e amadurecer os frutos". O jardim de Laertes, no canto XXIV, é um jardim "real", mas bem cuidado: figueiras, oliveiras, videiras, pereiras, macieiras e legumes fazem parte dele, de acordo com o ritmo das estações. A limpeza desse jardim contrasta com a miséria do seu proprietário:

> ele usava um casaco sujo,
> vagabundo e remendado; havia enfiado nas pernas
> velhas grevas de pele de boi para não se esfolar,

luvas nas mãos contra os espinheiros e, na cabeça,
um gorro de pela de cabra.

Essa miséria choca Ulisses: "Não há nada em ti que denote um escravo, nem a estatura nem o aspecto: tens mais o ar de um rei". Ulisses fica ainda mais espantado ao ver que esse nobre ancião trabalha: o trabalho não é uma virtude real no mundo homérico, e a velhice é tempo de repouso.

Quais são os homens que fazem parte das categorias sociais mais baixas? Os escravos? Mas existem vários tipos deles. Eumeu, o "divino porqueiro", é filho de rei e ele próprio tem um escravo. A respeito de Euricleia, a criada, a ama que reconheceu Ulisses, podemos ler no canto I que Laertes a comprou quando ainda era jovem, mas que nunca fez amor com ela, "temendo a ira de sua esposa". Num mundo como o de Homero, eis aí uma prova de grande moderação! O porqueiro e o boieiro serão, de resto, libertados: eles entrarão para a família, quase no sentido estrito da palavra. Lemos no canto XXI:

Darei a cada um de vós uma mulher, bens
e uma boa casa perto da minha; eu vos tratarei
como parentes e irmãos de Telêmaco.

No canto XI, no país dos mortos, Ulisses encontra a alma de Aquiles e lhe diz: "Aqui, entre os mortos, tu reinas de novo; portanto, não lastime a vida!". A resposta de Aquiles é célebre:

Não tentes suavizar a morte, nobre Ulisses!
Preferiria ser um tete na terra, a serviço de um camponês,

mesmo sem patrimônio e quase sem recursos,
a reinar aqui entre sombras consumidas.

O que é um tete? Na Atenas do século VI a.C., os tetes formavam a última classe dos cidadãos. Forneciam a Atenas grande parte dos seus remadores. Só eram mobilizados como hoplitas (infantes pesadamente armados) excepcionalmente e, nesse caso, a cidade lhes proporcionava o equipamento pelos quais eles não tinham condições de pagar.

Trata-se, de fato, do grau mais baixo? Foi o que sempre se disse, mas basta ler Homero para levantar uma objeção evidente: a Ulisses disfarçado de mendigo e que acaba de dar prova de sua força física, o pretendente Eurímaco propõe, no canto XVIII, para hilaridade geral, o seguinte:

Estrangeiro, não queres ser um tete a meu serviço,
do outro lado da ilha? Terias um bom salário
para cortar espinhos e plantar árvores grandes.
Lá eu te daria pão o ano todo
e também roupas e calçados.
Mas, não sabendo fazer nada, tu não vais querer trabalhar
e preferirás mendigar por aí,
buscando sempre algo para forrar esse ventre jamais saciado.

Na opinião de Eurímaco, é melhor, para um homem do povo, trabalhar do que mendigar. De resto, entre os pretendentes, no canto XVIII, não há só um mendigo, mas sim dois, já que, ao lado do Ulisses disfarçado, está aquele que é chamado de Iro, porque, assim como Íris no mundo divino, serve de mensageiro aos pretendentes. Ulisses afirma que há lugar para dois mendigos, mas Iro não é da mesma opinião e desafia o rei disfarçado. Naturalmente, Ulisses vence de maneira esmagadora, mesmo se contendo um pouco: ele não mata o verdadeiro mendigo. Constatemos que, tal como em Troia, Ulisses percorre os dois extremos da escala social romanesca. Ele é rei e mendigo.

Há, ainda, uma categoria social cujo estatuto é equívoco: os artesãos. Já se disse deles que foram os heróis da cultura grega, mas heróis secretos. Poucas são as realizações dessa cultura que não estão ligadas ao artesanato. São artesãos os aedos, os médicos, os escultores, os pintores, os músicos e, no entanto, a sua condição é pouco reverenciada. Admira-se a obra, e não o autor. Em que medida os poemas homéricos confirmam esse paradoxo? Na *Ilíada*, há nomes significativos e algumas indicações de profissões. Assim, por exemplo, no canto v, Meríones mata Féreclo, "filho de Téctones ['O Carpinteiro'], que, por sua vez, é filho de Harmônides ['O Montador'], cujas mãos sabiam fazer obras-primas de todo tipo". A proteção de Palas Atena, deusa dos artesãos, não é suficiente.

Vemos surgir, aqui e ali, imagens evocando profissões (figuras 8 e 9) como, por exemplo, a de carpinteiro. Assim, no canto XII,

> Tão firme quanto o cordel que serve para bem talhar a quilha de uma nau nas mãos de um carpinteiro experiente, assim é a retesada frente de luta e de batalha entre os dois partidos.

Mas a imagem mais espantosa se encontra, na minha

opinião, num outro trecho do mesmo canto. Trata-se uma vez mais da frente de batalha.

> Dir-se-ia uma cuidadosa obreira que, segurando uma balança que tem de um lado um peso e do outro a lã, procura equilibrar os dois, a fim de conseguir para seus filhos um miserável salário.

A comparação é curiosa porque, entre o equilíbrio da frente e o de uma balança, a relação não é evidente. Mas, com certeza, Homero era o melhor intérprete da realidade de seu tempo!

O único verdadeiro artesão da *Ilíada*, ferreiro e fabricante de autômatos como, por exemplo, tripés com rodinhas que poderão sozinhos "entrar na assembleia dos deuses e depois voltar para casa", é o deus manco Hefesto. É ele quem, no canto XVIII, fabrica a obra de arte que é o escudo de Aquiles. Sua presença é mais discreta na *Odisseia*. No entanto, quando Menelau, no canto IV, troca o cavalo que Telêmaco se recusou a levar, o mais precioso de seus tesouros, ele escolhe "uma cratera trabalhada, toda de prata e com as beiradas de ouro, uma verdadeira obra de Hefesto", não deixando de lembrar, no mesmo instante, que a recebeu do rei fenício de Sídon.

Na *Odisseia*, a importância atribuída aos artesãos é ainda mais paradoxal. Acusado, pelo pretendente Antínoo, de ter conduzido ao palácio um mendigo a mais, Eumeu responde (no canto XVII):

> Com efeito, quem iria procurar um hóspede a mais
> se ele não fizesse parte dos artesãos*
> ou não fosse adivinho, curandeiro ou carpinteiro
> ou ainda aedo divinamente inspirado, cujos cantos nos
> [encantam.
> Essas são as pessoas que vamos buscar pela terra infinita.
> Ninguém iria convidar um mendigo para piorar a sua
> [situação.

E, entretanto, o mendigo, cuja presença é deplorada por Antínoo, é o próprio Ulisses. Certamente Ulisses não é um artesão, mas, sendo homem de todo tipo de dissimulação, domina todas as técnicas. Ele próprio fabricou, a partir de um tronco de oliveira, o leito que será, com Penélope, seu sinal de reconhecimento. A Eurímaco, ele explica, em resposta à sua oferta de emprego, que sabe fazer tudo. E, no canto IX, ao furar o único olho do ciclope, trabalha "como se perfura uma viga para a construção de um barco" (figura 34):

> Assim como, quando o ferreiro mergulha um grande
> [machado
> ou uma enxada na água fria para lhe dar têmpera,
> o metal chia, e daí surge a força do ferro,
> assim também o seu olho** chiava sob a ação da estaca de
> [oliveira.

A comparação é bastante extraordinária, até porque Ulisses só utiliza madeira, não recorrendo a metal algum. Na *Odisseia*, também, o artesão é um herói secreto.

* Literalmente os "demiurgos", os que trabalham para o povo.
** O de Polifemo.

8. Poesia

O mundo homérico é um mundo poético. Os historiadores, os sociólogos, os filósofos se apropriaram dele, o que é normal e até legítimo, mas, com frequência, querendo ultrapassar as suas possibilidades. Sabemos que, desde a Antiguidade, os geógrafos se esforçam em vão por cartografar, de maneira segura, as viagens de Ulisses. É preciso, portanto, retornar à poesia.

Para concluir — ou quase — este livro, eu partirei do texto de um grande poeta francês do século XX, René Char: "Homero, deus plural, trabalhara sem rasuras, em várias direções, permitindo-nos contemplar, por inteiro, a terra dos homens e dos deuses". Cada palavra mereceria um comentário. Por que "deus plural"? Porque René Char sabe tão bem quanto todo mundo que não há um só Homero e que, pelo menos, o poeta da *Ilíada* é distinto do da *Odisseia*. Por que "sem rasuras"? Para distanciar-se, com um pouco de ironia, dos que (sendo chamados de "analistas") fragmentam os poemas em pedaços pequenos e grandes e que buscam, por toda parte, aquilo a que chamamos de interpolações, procurando até mesmo por interpolações dentro das interpolações. Um papiro nos acrescentou, por exemplo, no interior do canto XI da *Odisseia*, a visita de Ulisses ao reino do Hades, uma longa lista de deuses egípcios, que, evidentemente, não têm nada o que fazer em Homero, mas que estão perfeitamente à vontade no meio alexandrino de onde provém essa enumeração. Tais "homerismos", como dizia Victor Bérard, existiram, porém estão ausentes da nossa tradição manuscrita, o que é um sinal tranquilizador.

Por último, o verdadeiro assunto de Homero é a terra dos homens e, acima dela, o mundo dos deuses. Quanto à poesia, ela se manifesta, por exemplo, na descrição noturna do campo troiano no final do canto VIII da *Ilíada*:

> Depois disso, cheios de soberba, todos se preparam para a noite. Seus fogos brilham, inumeráveis, assim como, no firmamento, em torno da lua luminosa, as estrelas resplandecem, faiscantes, nos dias em que o céu está sem vento. Bruscamente todos os cumes se revelam, os altos promontórios, os vales. Rasga-se o imenso éter, e o coração do pastor se enche de alegria. Assim, entre as naus e o curso do Xanto,* luzem os fogos que, diante de Ílion, os troianos acenderam.

A imagem parte das fogueiras do acampamento e retorna às mesmas fogueiras. É o que os especialistas chamam de composição circular. Mas, de repente, passamos da terra

* Um dos rios que banham a planície de Troia.

19. Ájax combate perto dos navios. Desenho de Paul Thomas, 1995.

20. Príamo suplicando a Aquiles que lhe devolva o cadáver de Heitor, que jaz sob o leito do banquete. Taça ática com figuras vermelhas atribuída ao pintor de Brigos, *c.* 480 a.C.

21. Ájax e Aquiles jogando. Ânfora ática com figuras vermelhas assinada por Ezequias, *c.* 540 a.C.

22. Aquiles e Briseida. Afresco pompeiano (Casa do poeta trágico), século I a.C.

23. Combate entre dois heróis (Aquiles e Mêmnon?) enquadrados por duas divindades (Tétis e Eos?). Altar votivo, Lócride Epizefiriana (Itália meridional), *c.* 530 a.C.

24. Aquiles no seu carro arrasta o corpo de Heitor; a sombra de Pátroclo aparece à direita.
Relevo romano do século II encaixado no muro exterior
da igreja de Maria Saal (Áustria).

25. Pentesileia, rainha das Amazonas, sendo morta por Aquiles.
Ânfora ática com figuras negras assinada por Ezequias, *c.* 540 a.C.

26. Helena e Menelau caricaturados por Daumier.

27. Helena e Menelau. Espelho etrusco de bronze, século IV a.C.

28. Neoptólemo utiliza o menino Astíanax, segurando-o pelo tornozelo, para matar o velho Príamo, tombado sobre o altar dos deuses. Ânfora ática com figuras negras, *c.* 540 a.C.

29. O cavalo de Troia. Ânfora cicládica com relevos, *c.* 670 a.C.

30. Laocoonte e seus filhos sufocados por serpentes, *El Greco*, 1610.

31. Ulisses ameaça Circe. Sarcófago etrusco, final do século IV a.C.

32. Os companheiros de Ulisses transformados em porcos. Lécito ático com figuras vermelhas, *c.* 480 a.C.

33. Ulisses e as sereias. Vaso ático com figuras vermelhas, *c.* 490 a.C.

34. Polifemo sendo cegado por Ulisses.
Fragmento de cratera policroma argiva, meados do século VII a.C.

35. Ulisses foge, escondido sob um carneiro. Cratera ática com figuras negras, *c.* 510 a.C.

36. Ulisses reconhecido por sua ama Euricleia, *Gustave Boulanger*, 1849.

37. Ulisses massacra os pretendentes. Taça ática com figuras vermelhas, *c.* 440 a.C.

38. Penélope e Ulisses. Terracota de Milo, *c.* 450 a.C.

para o céu, para o "éter" que circunda o mundo, que os gregos chamavam de *kósmos* e cuja beleza os encantava, e, de um espetáculo de guerra, para uma imagem pastoral. O pastor se regozija com o aparecimento das estrelas.

É difícil escolher. Entre tantos esplendores, minha preferência vai para as passagens do canto XXII que relatam o último combate e a morte de Heitor. Heitor foge, dando, por três vezes, a volta às muralhas de Troia. Antes de fugir, ele fala consigo mesmo, perguntando-se se, em vez de enfrentar Aquiles, não teria sido melhor ficar no interior das muralhas, como lhe aconselhara o sábio Polídamas. Pois o monólogo interior — figura de estilo de tantos poetas, até que James Joyce faça dele o próprio centro do seu romance, intitulado... *Ulisses*! —, o monólogo interior, dizia eu, até em sua repetição, é uma invenção de Homero.

> Ah! Miséria! Se eu atravessar a porta da muralha, Polídamas, que me aconselhou a dirigir os troianos para a cidade nesta noite maldita que viu erguer-se o divino Aquiles, será o primeiro diante do qual me envergonharei.

Erguer-se... como se ergue a aurora do seio da noite. E Heitor prossegue:

> E eu não acreditei nele... Teria sido muito melhor, no entanto! E agora que, como consequência da minha loucura, perdi o meu exército, sinto vergonha diante dos troianos e das troianas de longos vestidos. Não quero que alguém menos corajoso do que eu possa dizer um dia: "Por ter confiado demais em sua força, Heitor perdeu o seu povo de guerreiros".

Uma outra solução se apresenta ao espírito: depor as armas, esperar Aquiles e lhe propor a restituição de Helena e de seus tesouros e, se não for o bastante, entregar aos átridas metade do que existe em Troia.

> Mas por que meu coração se perturba desse modo? Não devo temer, caso vá até ele, que ele não sinta por mim nem piedade nem respeito e que me mate como a uma mulher desprotegida, no momento em que me tiver despojado das armas?

Essa disputa interior é o equivalente de um debate, tal como conhecem as assembleias das cidades no tempo da oligarquia bem como no da democracia triunfante. E Heitor conclui:

> Não, não é hora de voltar ao carvalho e ao rochedo e de conversar docemente como faz o jovem com a namorada [...] É melhor que nos encontremos o mais cedo possível para resolver nossa querela.

Espantosa associação de imagens: "o carvalho e o rochedo". É, como nós diríamos hoje, voltar ao dilúvio, quando os homens não estavam ainda na terra ou haviam quase desaparecido; eu mesmo conheci um pré-historiador célebre que acreditava que Homero mostrava assim o seu profundo conhecimento da pré-história! Quanto ao terno encontro do jovem com a namorada, a palavra grega que o designa, recuperada pelo poeta francês do século XVIII André Chénier, é *oaristýs*, que podemos traduzir por "colóquio sentimental".

Essa estranha associação, essas imagens que se sobrepõem sem se anular, tudo isso torna Homero quase único. Heitor decide então combater, mas, antes de enfrentar o grande perigo que se apresenta sob a forma de Aquiles, ele foge, perseguido pelo filho de Peleu. O poeta usa essa ocasião para evocar brevemente algumas paisagens: aqui "a figueira batida pelos ventos", ali "as duas fontes do impetuoso Escamandro", uma quente e a outra gélida, imagem que atravessará os séculos, imagem presente na *Odisseia*, no reino dos feaces, na Atlântida de Platão, e que dará até mesmo o título do último livro de Bergson: *As duas fontes da moral e da religião*. O passado evocado, nesse ponto, é feliz, com esses

> grandes e belos lavadouros de pedra, onde as mulheres e as belas jovens de Troia lavavam os seus vestidos brilhantes, outrora, nos dias de paz, antes que chegassem os aqueus.

Corrida terrível, sob o olhar de Zeus, corrida em que se decide não o destino de Heitor ou o de Aquiles (como pensa Heitor), mas só o destino de Heitor, derrotado de antemão. E, no entanto, esse confronto, esse *agôn*, como se diz em grego — e do qual tiramos o termo "agonístico" —, é, de fato, um concurso, como o serão essas competições que nós chamamos incorretamente de "jogos" olímpicos ou píticos, e como o serão também esses "jogos" fúnebres realizados no canto XXIII, para homenagear a memória de Pátroclo. É o próprio Homero quem faz a comparação:

Pareciam corcéis de cascos espessos, já vencedores outras vezes, que, a toda a velocidade, contornavam o marco:* um prêmio valioso lhes fora oferecido: um tripé, uma mulher; tudo isso para honrar um guerreiro morto.

À frente do conselho dos deuses, Zeus atua como juiz desse concurso. Atena toma a palavra, depois de Zeus, para pedir a morte de Heitor, e Zeus, não sem pesar, lha concede. Nada faltará a essa corrida-perseguição, nem o sonho nem o fantasma:

> Assim como um homem, num sonho, não consegue alcançar um fugitivo e este, por sua vez, também não consegue alcançar o outro em sua perseguição, da mesma forma Aquiles, nesse dia, não conseguia atingir Heitor durante a corrida, e este não conseguia escapar-lhe.

Dois séculos mais tarde, Píndaro dirá: "O homem é o sonho da sombra".

Eis o fantasma: Atena toma a forma de Deífobo, o querido irmão de Heitor. Ela lhe propõe enfrentar Aquiles em sua companhia. Deífobo ("Aquele que não tem medo") reaparecerá na *Odisseia*. Ele acompanha Helena numa circunstância bem estranha, segundo a narrativa do canto IV: ela dá uma volta em torno do cavalo de madeira e, receosa, chama, um por um, os heróis aqueus, imitando a voz de suas esposas. A casa de Deífobo é a primeira a ser saqueada, de acordo com o relato de Ulisses no canto VIII, quando ele

* A estela de pedra que marca o limite do campo de corrida e que é preciso contornar para retornar.

evoca, entre os feaces, a tomada de Troia. Por fim, segundo uma tradição épica que dá sequência a Homero, é ele quem desposa Helena após a morte de Páris-Alexandre.

O Deífobo do canto XXII da *Ilíada* não passa, portanto, de um fantasma. Quando Heitor tiver necessidade dele, já terá desaparecido, e assim o destino fatal de Heitor se cumpre, como previsto, para grande alegria dos aqueus:

> Oh! Oh! Esse Heitor aí é mesmo bem mais doce de apalpar do que aquele que outrora entregava as nossas naus à chama ardente.

Num certo sentido, a *Ilíada* poderia intitular-se "A tragédia de Heitor" (a expressão é do erudito americano James Redfield), até porque a sorte de Aquiles não está ainda selada quando termina o poema. Ésquilo, Sófocles e Eurípides nutriram-se de Homero, particularmente da *Ilíada*. O monólogo interior, invenção do poeta da *Ilíada* — retomada pelo poeta da *Odisseia*: "Paciência, meu coração...", diz Ulisses no canto XX —, reaparece com destaque na tragédia: assim Ájax, na peça que lhe consagra Sófocles, explica em termos ambíguos por que não pode viver — ele, um herói cantado por Homero — no mundo da cidade onde tudo muda, tanto as estações como as circunstâncias políticas. A tragédia põe em cena os heróis da *Ilíada*, com o objetivo de destruí-los. E, no entanto, Heitor, no conjunto das tragédias conservadas, não aparece como um herói trágico, sem dúvida porque, nesse meio-tempo, tornou-se "bárbaro". A única tragédia na qual ele tem um papel é o *Reso* que nos chegou com as obras de Eurípides, mas que data muito provavelmente do século IV a.C. Aquiles acabou por vencer Heitor definitivamente.

E a *Odisseia*? Os admiradores de Stendhal se dividem, por vezes, em "Vermelhistas" e "Cartuxistas", uns colocando em primeiro lugar *O vermelho e o negro*, outros *A cartuxa de Parma*. O mesmo ocorre com os adoradores da *Ilíada* que são indiferentes à leitura da *Odisseia* e vice-versa. Entre os primeiros, lembremos Simone Weil, para quem a *Ilíada* era "a única epopeia verdadeira que o Ocidente possui. A *Odisseia* parece ser apenas uma excelente imitação, ora da *Ilíada*, ora de poemas orientais".

O que nos fascina na *Ilíada* é que ela é um começo. É provável que tenham existido poetas épicos antes de Homero. Mas nós não os conhecemos e não os conheceremos jamais. As areias do Egito nos devolvem, pouco a pouco, as comédias de Menandro, autor do século IV. Elas podem, eventualmente, nos restituir uma tragédia inteira de Eurípides, mas jamais nos revelarão uma epopeia anterior à *Ilíada*. E uma epopeia posterior? Isso, pelo menos, não é impossível. Nossas bibliotecas se enriqueceram com outras epopeias, de origem oriental, como a de *Gilgamesh*, herói da Mesopotâmia, que é também uma reflexão sobre a condição humana em relação ao mundo divino. Porém, *Gilgamesh* só nos foi restituído graças às escavações feitas nos *tells*, colinas da Mesopotâmia (hoje Iraque), no século XIX. Essa epopeia não pôde ter, portanto, sobre a nossa cultura, a fabulosa influência da *Ilíada* — nem a da *Odisseia*.

Pois se a *Ilíada* é um livro de origem, com a *Odisseia* é a literatura que começa, com tudo o que isso supõe de imitação — em grego, *mímesis*. Simone Weil tinha, de fato, razão ao escrever que a *Odisseia* é uma imitação da *Ilíada*. Uma imitação irônica, diria eu. Quando Aquiles explica a Ulisses que preferiria "ser um tete a serviço de um camponês" a reinar sobre o império dos mortos, ele põe em dúvida o ideal da morte heroica, que é precisamente o ideal da *Ilíada*. A bela morte é o valor exemplar da *Ilíada*. A *Odisseia* nos ensina, magnificamente, a arte da sobrevivência. A morte, não custa lembrar, será doce para Ulisses, e é isso que ele fica sabendo no reino de Hades, no canto XI. A *Ilíada*, na *Odisseia*, tornou-se poesia; ela é cantada pelas sereias, por um aedo na terra dos feaces e em Ítaca.

A grande originalidade da *Odisseia*, em relação à *Ilíada*, reside na integração do tempo no interior da narrativa. Não há dúvida de que se sabe, na *Ilíada*, que o cerco da cidade já está no seu décimo ano. Mas nenhuma criança de dez anos entra na história, ninguém ficou velho ou morreu de velhice. É verdade que, na *Odisseia*, alguns personagens não mudam: Nestor é sempre um ancião e Helena está sempre bela. É melhor nem calcular a idade deles! Quanto a Ulisses, ele dispõe do auxílio mágico de Atena, que pode, a seu bel-prazer, rejuvenescê-lo ou envelhecê-lo. Atena chega mesmo a prolongar a noite do reencontro de Ulisses com Penélope para que o herói possa relatar, no canto XXIV, as suas aventuras e para que o casal possa entregar-se ao amor (figura 38).

E, no entanto, dois personagens encarnam a duração. Telêmaco, criança de berço quando da partida de Ulisses, agora já tem barba. Mas o ser que, melhor do que todos, dá a medida do tempo não é um homem, e sim um cão. Quando Ulisses, no canto XVII, sob a aparência de um ancião, entra em seu palácio, "um cão estendido no chão estica as orelhas". É Argo, o cãozinho que Ulisses alimentara, sem ter podido fazer dele o seu companheiro de caça. Os pretendentes o haviam utilizado para caçar cabras selvagens, lebres e gamos. Agora, o velho cão, cheio de carrapatos, vive perto do lixo, diante da porta do palácio. Ulisses o reconhece e, com emoção, faz algumas perguntas sobre ele ao porqueiro Eumeu, que ainda não identificara o seu senhor. Eumeu explica: Argo era um galgo infalível na caça. Agora seu dono morreu, e ele não passa de um cão escravo.

> Os servidores, desde o momento em que não têm mais um [senhor,
> não querem mais trabalhar como é preciso.
> E Zeus, o ensurdecedor, tira a metade do valor
> de um homem, a partir do dia em que é entregue à [escravidão.

Argo reconhece o seu dono e morre em seguida.

> Mas a morte negra se apossou de Argo
> Assim que reconheceu o dono, que partira havia vinte anos.

Prolonguemos agora a reflexão que havíamos esboçado a respeito das relações entre a *Ilíada* e a tragédia ateniense. Simone Weil escreveu:

> A tragédia ática, pelo menos a de Ésquilo e de Sófocles, é a verdadeira continuação da epopeia. A ideia de justiça a ilumina sem jamais intervir diretamente; a força aparece na

sua fria dureza, sempre acompanhada dos efeitos funestos aos quais não escapam nem quem a usa nem quem é oprimido por ela.

Deixemos de lado os aspectos simplificados dessa avaliação. Por acaso é a força pura que aparece na súplica de Príamo perante Aquiles? Permanece, no entanto, a ideia fundamental de que a tragédia ática é um derivado da *Ilíada*. Mas e quanto à *Odisseia*?

Sua forma a torna mais teatral ainda do que a *Ilíada*, até mesmo por causa da multiplicidade dos narradores: o próprio poeta, Ulisses nos seus relatos em casa de Alcínoo, Ulisses ainda sob a máscara de um cretense, Menelau, Helena, Eumeu... é muita gente em comparação ao narrador quase único da *Ilíada*. Mas trata-se de um teatro trágico? Eu diria, antes, que a *Odisseia* está na origem da comédia ou do drama satírico. A comédia, a de Aristófanes no século v, é *sempre* uma espécie de pastiche da tragédia. Aristófanes ridiculariza sistematicamente o Eurípides que ele encena, que ele conhece de cor e que admira infinitamente mesmo quando está zombando de maneira feroz. Quanto aos dramas satíricos que concluíam num tom semicômico as trilogias (conjunto de três peças trágicas), eles punham em cena, num quadro de natureza selvagem, alguns personagens da epopeia dialogando com um coro de sátiros, isto é, figuras meio humanas, meio animais, a um tempo homens e bodes, conduzidos por Sileno — que, por sua vez, está entre o homem e o cavalo.

O único drama satírico que chegou inteiro até nós é *O ciclope* de Eurípides que, bem entendido, deriva do canto

IX da *Odisseia.* É importante ressaltar que esse canto IX, a despeito das circunstâncias horríveis da morte dos companheiros de Ulisses, devorados pelo monstro, contém passagens claramente cômicas: Polifemo bebendo "um pouco de vinho com essas carnes humanas", Ulisses e seus amigos fugindo agarrados no pelo de grandes e gordos carneiros (figura 35) e, sobretudo, o episódio famoso de Ninguém, nome adotado por Ulisses, que dá origem a uma cena célebre: "Quem te feriu?", perguntam os outros ciclopes a Polifemo. "Ninguém!", responde a infeliz criatura. Nessas condições, "se ninguém te fez violência e estavas sozinho, o mal, que não se pode evitar, vem de Zeus! Dirige, então, a tua oração a Posídon". E Ulisses se põe a "rir com gosto". Está claro, portanto, que a comédia deve algo ao autor da *Odisseia.*

Mas só a comédia? O relato de aventura e, ainda, o que chamamos de romanesco provêm diretamente da *Odisseia.* Isso é seguro no que diz respeito ao romance grego ou latino que conhecemos sobretudo por meio de uma literatura que data da época imperial romana, mas na qual a influência da *Odisseia* é bem visível. Mais adiante no tempo, podemos seguir a marca da *Odisseia* ao longo de toda a Idade Média e do Renascimento, encontrando-a, por exemplo, no romanesco elizabetano, no *roman* francês e no *pícaro* espanhol. O *Dom Quixote* de Cervantes não seria nem mesmo imaginável se não tivesse existido, num tempo longínquo, o contista irônico da *Odisseia.* Eis por que todo aquele que ama os livros embarca um dia na leitura de Homero.

9. As questões homéricas

Já forneci, no primeiro capítulo deste livro, algumas informações sobre o problema que, há muito, é chamado de "questão homérica". É tempo agora de ser mais preciso. Os antigos não a haviam propriamente levantado. Eles só tinham posto em dúvida a autenticidade de um ou de outro verso. Querem um exemplo? No canto XI da *Ilíada*, o herói aqueu Ájax, filho de Telamônio, se encontra excepcionalmente na defensiva. Ele é comparado sucessivamente a um leão expulso do pátio de uma herdade pelos camponeses cujas vacas queria devorar e, depois, a um asno que "empacado faz frente a um grupo de crianças". Um crítico de nome Zenódoto quis suprimir esses versos magníficos sob o pretexto de que não era razoável fazer de Ájax sucessivamente um leão e um asno. Por sua parte, o poeta latino Horácio, contemporâneo de Augusto (séc. I a.C.), dizia que, em alguns momentos, o bom Homero chegava a "toscanejar": *quandoque bonus dormitat Homerus* ("Às vezes o bom

Homero cochila"). Dito de outra maneira, Homero é, por vezes, inferior a si mesmo.

Não era absolutamente esse tipo de problema que enfrentava, no final do século V a.C., o historiador ateniense Tucídides. Preocupado em mostrar que a guerra do Peloponeso (431-404 a.C.) fora um evento capital, ele minimizou a importância da guerra de Troia.

Quando o cristianismo começou a tomar conta do mundo romano, a partir do século III da era cristã, surgiu o problema de situar a guerra de Troia e Homero em relação ao que relatava a Bíblia, o livro sagrado dos judeus. Encontrou-se então uma espécie de compromisso que situou Moisés antes da guerra de Troia, mas que não eliminou esta última totalmente da história. Quanto a Homero, se não se acreditava mais em seus deuses, pelo menos continuava a ser lido.

Entretanto, muito mais tarde, no final do século XVII e, sobretudo, na segunda metade do século XVIII, a Europa se pôs a sonhar com um passado mais longínquo. A humanidade não cantou antes de escrever? A poesia homérica aparece então como uma poesia "primitiva", obra não de um ou mesmo de dois poetas, mas de bardos populares que recorriam a um tesouro lendário. De imediato, a *Ilíada* e a *Odisseia* passam a ser encaradas como obras de múltipla autoria. Um sábio alemão, F. A. Wolf, nos seus *Prolegômenos a Homero*, de 1795, deu forma durável a essa teoria. Não convenceu todo mundo. Assim, o poeta J. W. Goethe escreveu ao seu amigo F. Schiller, no dia 17 de maio de 1795:

> Li o prefácio [os *Prolegômenos*] da *Ilíada* de Wolf; não é destituído de interesse. É possível que a ideia seja boa e o

esforço digno de mérito, mas, pergunto, por que essa gente, para encobrir a fraqueza do seu plano, se permite devastar os mais férteis jardins do reino estético e transformá-los num lamentável barranco?

Todavia, se Homero era o bardo primitivo do povo grego, cada povo (pensava-se) tinha direito ao seu próprio Homero. Começou-se a redescobrir na França as canções de gesta da Idade Média, e Victor Hugo se interessou por elas. Na Grã-Bretanha, um falsário, MacPherson, forjou inteiramente um pretenso bardo bretão, de nome Ossian, e os poemas "traduzidos" desse bardo conheceram, em toda a Europa, um imenso sucesso, rivalizando até com os poemas homéricos. O jovem Bonaparte, por exemplo, adorava Ossian. Essa busca de uma poesia das origens se estendeu por toda a Europa. Assim, Richard Wagner mesclou uma canção de gesta do século XIII, a *Canção dos Nibelungos*, com outros poemas de origem escandinava para escrever e pôr em música *O anel dos Nibelungos*, ressuscitando assim o espírito de Homero e o da tragédia grega para fazer com eles uma epopeia das origens germânicas.

Na mesma época, o finlandês Lönnrot recolheu, no interior do seu país, toda uma série de poemas orais e fabricou, a partir deles, uma epopeia dos deuses e dos homens: o *Kalevala*. Na Rússia, uma pesquisa análoga foi feita com base em poesias recolhidas pela tradição oral: as *Byliny*.

Porém, foi só no século XX que se descobriu se não *a* chave pelo menos *uma* chave para o estudo dos poemas homéricos como poesias orais. Há um ponto que sempre surpreende os leitores de Homero. Os personagens da epopeia não são citados simplesmente — Heitor, Nestor, Aquiles, Ulisses —, mas, pelo contrário, são sempre acompanhados por uma série de epítetos, constantemente repetidos, como, por exemplo: o grande Heitor de capacete reluzente, o velho condutor de carros Nestor, o divino Aquiles de pés infatigáveis, o Ulisses das mil astúcias. Isso vale também para os deuses: Zeus tem um amplo olhar ou uma voz retumbante, Atena tem olhos de coruja, Hefesto é o coxo ilustre, e Calipso é totalmente divina. Por vezes, versos inteiros e até grupos de versos são repetidos, e os eruditos chegaram a ficar tentados a declará-los "interpolados". (Alguns especialistas eliminaram assim milhares de versos, especialmente por causa da repetição.) Chama-se hoje esse estilo de "estilo formular". Quem descobriu o seu segredo foi um intelectual americano, morto muito jovem, que escrevia em francês e que se chamava Milman Parry.

Epítetos e fórmulas têm uma função bem precisa: repousar o aedo durante a sua recitação, que adquire assim um caráter automático, e lhe fornecer "pausas" que permitam estender ou, pelo contrário, restringir a narrativa, à sua vontade. Constatou-se que, nos papiros, a maioria dos versos suplementares, em relação à tradição manuscrita, é de versos que figuram alhures no texto homérico. Ora, aconteceu um fato raro: Milman Parry, acompanhado de seu amigo Albert Lord, teve a oportunidade de verificar de maneira experimental, nos Bálcãs, a hipótese que formulara a partir apenas do texto de Homero.

O Kosovo é uma planície habitada sobretudo por albaneses, mas que tem um papel importante no imaginário do povo sérvio, como se verificou recentemente, na primavera de 1999. Nessa planície, um exército de cristãos sérvios e albaneses, dirigido pelo príncipe sérvio Lázaro, defrontou-se, em 1389, num lugar chamado "Campo dos melros", com um exército turco otomano comandado pelo sultão Murad. Os dois chefes militares foram mortos, mas os turcos saíram vencedores. Ora, essa batalha deu origem a uma tradição épica. Bardos sérvios, nos cafés da região de Novi Pazar, recitavam versos aos milhares e conheciam de cor gigantescas epopeias que punham em cena os combates entre sérvios e otomanos, especialmente a batalha do "Campo dos melros". Esses poetas eram analfabetos. Um deles (impressionante!) era até cego. Além disso, quando aprendiam a ler, perdiam as suas faculdades poéticas. Albert Lord registrou as epopeias sérvias — havia também, de resto, epopeias albanesas — e verificou até mesmo que, num intervalo de alguns meses ou alguns anos, as modificações introduzidas pelos aedos não eram substanciais. As analogias com os poemas homéricos pareciam decisivas. Já se podia então imaginar que, antes da fixação por escrito das duas epopeias que nos chegaram com o nome de Homero, um ou, melhor, dois poetas de gênio haviam dado uma estrutura monumental à *Ilíada* e à *Odisseia*.

Quais eram os aspectos particulares desses gênios? Não os busquemos em algum misterioso segredo da alma grega. Se houve um dia "alma grega", Homero, mais do que qualquer outro, foi quem contribuiu para formá-la, e o poeta trágico Ésquilo, no início do século v a.C., não estava errado ao dizer que ele não fazia mais do que catar as migalhas do grande festim de Homero. Mas nós podemos ser mais precisos. Um estudo atento do texto mostrou, especialmente a

Adam Parry, filho de Milman, que um personagem como Aquiles, o principal herói da *Ilíada*, usava uma linguagem bem peculiar. Ele utiliza, é verdade, o discurso formular, mas com variantes próprias. Dito de outra maneira, os materiais pertencem ao estoque do repertório épico, mas a combinação é única.

É Aquiles, e não Agamêmnon ou Ájax, quem coloca, na *Ilíada*, a questão decisiva, a única que não tem resposta. Os troianos não lhe fizeram nada: "Por que então é necessário que os argivos empreendam uma guerra com os troianos?". Questão terrível, efetivamente, que tinge de uma espécie de melancolia fundamental todo o poema e, na qual, encontramos algo único ou, pelo menos, muito raro. Mas o seu adversário troiano Heitor tem também a sua linguagem particular. Que personagem além dele poderia dizer à sua esposa Andrômaca, no canto VI, a seguinte passagem (e eu cito aqui uma tradução baseada na de Simone Weil)?

> Porque estou seguro, nas entranhas e no coração,
> de que virá o dia em que perecerá a santa Ílion,
> E Príamo e a nação de Príamo de boa lança.
> Mas eu penso menos na dor que se prepara para os troianos,
> para a própria Hécuba, para o rei Príamo
> E para os meus irmãos que, tão numerosos e bravos,
> Cairão na poeira sob os golpes inimigos,
> Do que em ti, quando um grego de couraça de bronze
> Te arrastará, lacrimejante, suprimindo a tua liberdade [...]
> Quanto a mim, espero estar morto e recoberto pela terra
> Para não ouvir o teu pranto e ver-te dominada [...]

Lágrimas de Heitor, lágrimas de Aquiles, lágrimas de Andrômaca "rindo através das lágrimas" quando Heitor lhe coloca o bebê Astíanax no braços; lágrimas de Ulisses chorando como outrora chorava Andrômaca... os poetas que criaram essas maravilhas não eram máquinas de repetir fórmulas, mesmo que às vezes ficassem fatigados.

Houve poetas épicos antes de Homero? Muito provavelmente sim, mas nós não temos meio algum de conhecê-los. Houve poetas épicos contemporâneos dos autores da *Ilíada* e da *Odisseia*? Não há nenhuma dúvida. Nós conhecemos os títulos de seis epopeias redigidas entre 800 e 500 a.C. O mais importante desses poemas era chamado de *Cantos cíprios* e relatava a guerra de Troia desde o começo, isto é, desde o arbítrio de Páris, ao qual, na *Ilíada*, só é feita uma breve alusão, até a entrega a Aquiles da cativa Briseida, que vem a tornar-se a sua favorita (figura 22). Como se sabe, é o sequestro de Briseida por Agamêmnon que desencadeia a cólera de Aquiles e a *Ilíada*. Infelizmente, desses *Cantos cíprios* (Chipre é a ilha de Afrodite) não resta quase nada, embora uma grande parte da obra de Eurípides se inspire nessa epopeia perdida. Também não sobrou grande coisa dos poemas que dão sequência à *Ilíada* e à *Odisseia* e que nós só conhecemos por alusões, resumos e imagens. Uma epopeia, por exemplo, relatava o fim de Ulisses, morto por Telégono, o filho que tivera com Circe. Nós temos, por outro lado, o texto de uma *Continuação de Homero* escrita em hexâmetros dactílicos por Quinto de Esmirna, que viveu no final da época romana. Não passa, evidentemente, de um exercício escolar, mas tem o mérito de registrar lendas que, de outra maneira, seriam pouco conhecidas.

A autêntica "continuação de Homero" não se encontra aí. Ela aparece nos vasos coríntios, áticos ou ornamentados na Itália meridional que, aos milhares, apresentam cenas da *Ilíada* e da *Odisseia.* Ela aparece na literatura grega da época clássica e da época helenística. Um historiador como Heródoto, no século v a.C., é chamado de "muito homérico" e, desde as primeiras linhas da sua *História*, faz alusão ao rapto de Helena por Páris. Em Roma, a *Odisseia* foi traduzida, no século III a.C., por Lívio Andronico, e Homero se pôs assim a falar latim. O que é a *Eneida* — poema no qual Virgílio, contemporâneo de Augusto, dá forma à "lenda troiana" que faz de Roma uma cidade fundada por um descendente de Eneias — senão uma pequena *Odisseia* seguida de uma pequena *Ilíada*? Outros textos reescrevem a *Ilíada*, reconstituem o calendário dos acontecimentos, como, por exemplo, a *Efeméride da guerra de Troia*, ou relatam a queda da cidade, como faz também a *Eneida.* Por meio desses textos é que as aventuras de Aquiles e de Ulisses serão conhecidas no Ocidente medieval. Um *Romance de Troia* é escrito então, no século XIII, por Benoît de Sainte-Maure, e esse texto será, por sua vez, traduzido para o grego. E o que dizer do que vem depois? No início do século XIV, Dante, que não leu Homero, porque não sabia grego, não deixa de incluir esse "poeta soberano", armado de uma espada, no "limbo" onde estão detidos os pagãos virtuosos que não conheceram o Cristo e por onde ele passa, acompanhado de Virgílio, no canto IV do *Inferno.* Melhor ainda, ele encontra Diomedes e Ulisses (os dois heróis associados do canto X da *Ilíada*) no canto XXVI desse mesmo *Inferno.* Ulisses lhe narra as suas aventuras após o retorno a Ítaca. Inversamente, no século XVII, Fénelon, arcebispo de Cambrai, escreveu, para o duque da Borgonha, seu aluno e, além disso, neto e herdeiro presuntivo de Luís XIV, *As aventuras de Telêmaco*, destinada a apresentar o retrato de uma cidade ideal. No século XVII ainda, encontramos a *Andrômaca* de Racine e, no XVIII, é a vez de *O cego* de Chénier.

Às vésperas da Segunda Guerra Mundial, o dramaturgo Jean Giraudoux monta *A guerra de Troia não acontecerá*, enquanto Simone Weil, pacifista, escreve em 1937: "Não recomecemos a guerra de Troia". Quanto à *Odisseia*, ela fornece o quadro, em 1922, do gigantesco romance de James Joyce: *Ulisses*.

Houve, no século XX, um inferno moderno que se chamou Auschwitz, e um aedo desse inferno, o italiano Primo Levi, que deveria tornar-se um escritor célebre, tentou ensinar o canto de Ulisses (o de Dante) a um de seus companheiros franceses. Muito tempo após a guerra, um escritor anglo-antilhano, Derek Walcott, recebe o Prêmio Nobel em 1992 por seu poema *Omeros*, que transforma os personagens de Homero em pescadores das ilhas Caraíbas falando um inglês com influência crioula e francesa. Esses poucos exemplos dão testemunho da lista imensa das indagações que os séculos fazem a Homero e que, à nossa maneira, continuamos a fazer.

Agradecimentos

Utilizei, no que diz respeito à *Ilíada* e à *Odisseia*, as traduções francesas disponíveis, a de Paul Mazon para a *Ilíada*, as de Victor Bérard e de Philippe Jaccottet para a *Odisseia*, permitindo-me, por vezes, modificá-las um pouco. Utilizei também a belíssima tradução de certas passagens da *Ilíada* feita por Simone Weil, no seu artigo de 1941: "A *Ilíada* ou o poema da força".*

Agradeço a Jean-Christophe Saladin, que aceitou o meu texto; a seu filho Joseph (de onze anos), que me serviu de cobaia, bem como aos editores (especialmente Anthony Rowley), que transformaram meu manuscrito em livro.

Não teria conseguido escrever este livro sem consultar numerosos trabalhos que não posso enumerar aqui. Citarei apenas alguns de seus autores. Alguns foram meus mestres, outros, meus alunos, e muitos acabaram por se tornar meus

* Na tradução, utilizaram-se também, para confronto, a estupenda versão de Frédéric Mugler (*Ilíada*) e a de Médéric Dufour (*Odisseia*). (N. T.)

amigos: Elisa Avezzu, Annie Bonnafé, Benedetto Bravo, Pascale Brillet-Dubois, Philippe Brunet, Richard Buxton, Michel Casevitz, Maria Grazia Ciani, Riccardo Di Donato, Hervé Duchêne, Pierre Ellinger, Moses I. Finley, François Frontisi-Ducroux, Ariane Gartziou-Tatti, François Hartog, Nicole Loraux, François Lissarrague, a quem devo (juntamente com Marion Lafouge) o essencial da ilustração, Irad Malkin, Hélène Monsacré, Claude Mossé, Gregory Nagy, Pietro Pucci, Suzanne Saïd, Pierre Sauzeau, Evelyne Scheid-Tissinier, Alain Schnapp, Annie Schnapp-Gourbeillon, Jesper Svenbro, Odette Touchefeu-Meynier.

Crédito das ilustrações

1, 3, 6, 11, 14, 17, 23, 38 — G. Dagli Orti
2 — Museu Britânico
4, 5, 16, 29, 35 — AKG Paris
7 — Biblioteca da Universidade de Cambridge
8, 9, 13, 15, 18, 20, 22, 24, 27, 31, 32, 36, 37 — Erich Lessing/ AKG Paris
10 — Louvre, Paris, França/ Bridgeman Art Library
12 — Paul Courbin, *Tombes géométriques d'Argos*, t. 1, Paris, Vrin, 1974
19 — Paul Thomas, 1999
21 — Museu e Galerias do Vaticano, Vaticano, Itália/ Bridgeman Art Library
25, 28, 33 — Museu Britânico, Londres, Reino Unido/ Bridgeman Art Library
26 — Daumier
30 — Joseph Martin/ AKG Paris
34 — *Bulletin de correspondance hellénique*, Escola francesa de Atenas

Índice onomástico

Os nomes em itálico referem-se a personagens da Ilíada *e da* Odisseia.

1ª EDIÇÃO [2002]

ESTA OBRA FOI COMPOSTA EM MINION POR TECO DE SOUZA
E IMPRESSA PELA UMLIVRO EM PROCESSO DE IMPRESSÃO SOB DEMANDA
SOBRE PAPEL PÓLEN SOFT DA SUZANO PAPEL E CELULOSE
PARA A EDITORA SCHWARCZ A PARTIR DE ABRIL DE 2019